愛的喜樂　德蕾莎修女嘉言集

德蕾莎修女 ― 著

丁穎達 ― 譯

Jaya Chaliha & Edward Le Joly ― 編輯

THE JOY IN LOVING

LOVING

A Guide to Daily Living with Mother Teresa

Compiled by Jaya Chaliha and Edward Le Joly
translated by Matthew Ting
Copyright © 1996 by Penguin Books India Pvt. Ltd.
Chinese Copyright © 2010 by Wisdom Press
Taipei, Taiwan

目 錄

德蕾莎修女大事年表

1910年 8月26日

德蕾莎修女出生。本名雅妮・貢莎・博加丘（Agnes Gonxha Bojaxhiu），生於史高比耶（Skopje，原屬南斯拉夫，今為馬其頓共和國首都）一個阿爾巴尼亞裔天主教家庭，排行第三。父親尼古拉（Nikolla Bojaxhiu）是富有的建築商，民族獨立運動的積極分子，會多種語言；母親德辣娜（Dranafila Bojaxhiu）操持家務；姊姊亞嘉長德蕾莎五歲，後來作了職業翻譯員及電台主播；哥哥拉沙長她三歲，後來成為騎兵部隊軍官。

1910年8月27日

於史高比耶的耶穌聖心堂受洗。

1915年至 1928年

就讀於公立學校，成績優秀。同時積極上要理班，最喜歡讀聖人傳記和傳教士的故事；常跟隨母親照顧寡婦並做一些慈善事工；參加聖母軍和「瑪利亞之女」的教會青年活動，還是堂區唱經班的女高音。

1918年

父親被政敵下毒，不幸身亡。

1922年

第一次隱約體驗到天主的召叫。一位要理老師鼓勵她說：「如果妳覺得將來獻身於榮主救人的事業能使妳得到喜樂，那妳就有這聖召。讓那內心深處的喜樂成為妳生命的羅盤吧！」

1928年

入愛爾蘭羅雷托修女會。

1929年1月6日

被派遣到印度大吉嶺的羅雷托修女會會院，開始初學訓練。

1931年

於5月25日宣發初願，後在加爾各答市中心的聖瑪利亞女中任教，教授地理，經常利用空餘時間看望並幫助窮苦的孩子和他們的家庭。

1937年

於5月24日宣發終身願，後任該女中的教務長和校長，定期帶學生去醫院和貧民窟照顧窮人。

1946年9月10日
在加爾各答往大吉嶺的火車上，得到了天主明確的召叫：離開修院，去服務貧窮中最貧窮者，並生活在他們中間。

1948年8月17日
經羅雷托修女會總會長、加爾各答總主教及羅馬宗座的特准，離開修會，換上滾藍邊的白色紗麗（白色紗麗是印度最窮的婦女穿的，藍色則是恭敬聖母的象徵）。

1948年至1949年
在帕那美國醫療遣使會的醫院接受了三個月的基本護理訓練，然後帶著一塊肥皂和五個盧比，回到加爾各答貧民窟，開始替窮人清洗傷口，找吃的、穿的，並且還為他們的孩子辦了間露天的學校，教孩子們認字，並傳授天主的愛。晚上則在安貧小姊妹會及一些好心的教友家棲身。

1949年3月19日（大聖若瑟慶日）
從前的一位學生、富家小姐蘇巴西尼·達斯，成為這尚未獲准成立的修會的第一名修女，取會名「雅妮」（Sister Agnes）。

1949年
以前的一些學生紛紛效法雅妮修女的榜樣,投身服務行列。郭梅詩家庭讓出樓上的房子,讓這一小團體休息和祈禱。
取得印度公民權。

1950年10月7日(玫瑰聖母節)
教宗碧岳十二世批准仁愛傳教會(Missionaries of Charity)的成立及會規。在加爾各答總主教——佩里耶的彌撒中,有十二位年輕小姐入會。

1951年4月11日
仁愛傳教修女會的第一批修女開始初學期。

1952年8月22日(聖母元后節)
卡俐閣的垂死者之家成立。該處原為一廢置的供奉印度教女神卡俐廟宇朝聖者宿舍,加爾各答的市公所保健課協助改建成垂死者收容所。

1953年
從一位急著搬去巴勒斯坦的伊斯蘭教徒手中低價購得一棟大房子,作為仁愛傳教會總院所在地——下環路54號A。

1960年10月25日
首次出國，應邀訪問美國，並轉赴羅馬，晉見教宗若望廿三世。在羅馬與移民並定居在西西里的兄長拉沙，在離家修道後第一次重聚。

1961年10月
在仁愛傳教修女會第一屆全體大會上，獲選為總會長。

1962年
獲印度政府頒發蓮花社獎。獲東南亞協約組織馬格賽獎。

1965年2月1日
擁有三百多位修女的仁愛傳教會正式被教宗保祿六世批准為宗座修會，從此可以在印度之外建立修院。同年七月受委內瑞拉總主教邀請，在科克羅特（Cocorote）建立了第一座海外修會。

1966年3月25日
仁愛傳教會男修會獲教宗批准成立。

1969年3月26日
仁愛傳教會平信徒國際同工會獲教宗批准成立。

1971年
受到西方媒體的注意，英國記者麥科姆‧慕格里奇（Malcom Muggeridge）做了最詳盡的報導。在羅馬獲教宗保祿六世頒發「若望廿三世和平獎」。在美國獲頒「撒瑪黎雅好心人獎」及「甘迺迪國際獎」。

1972年
母親在阿爾巴尼亞病逝。生前屢遭拒發護照，母女一直無法相見。

1975年
仁愛傳教會修士在越南建立會院。獲史懷哲國際獎。

1976年
女修會成立默觀分會。

1977年
修士們在香港建立會院。獲劍橋大學榮譽神學博士。

1979年12月10日
在挪威首都奧斯陸獲頒諾貝爾和平獎，接受一生最引人矚目的榮譽。

1980年
應邀訪問北京，受到中華婦女聯合會主席康克清接見。大陸官方表示，歡迎捐款，但不能傳教。

1982年
獲比利時魯汶天主教大學榮譽博士學位。

1984年
獲靜宜大學榮譽博士學位。受台南教區成世光主教之邀，在台南建立會院。現址在台南縣仁德鄉。

1985年
蒙蔣經國總統接見，並獲內政部頒賜一等勳章。在台北縣汐止建立會院。

1986年
教宗若望保祿二世來到加爾各答，親自參觀了仁愛傳教會的工作。

1986至1989年
在南非、衣索比亞、南葉門、尼加拉瓜、古巴、前蘇聯等先前「禁區」成立會院和收容所。

1988至1990年
因心臟病發作而數次住院，接受心律調整治療術。

1990年
向教宗請辭總會長一職，但為尊重修會全體會議投票結果，再
次出任總會長。

1991年3月31日
第一次回到阿爾巴尼亞，在首都地拉那目睹了主教座堂重新開
放（教堂在共黨領袖霍查獨裁時代被改為戲院）。

1993年
重訪北京，未果。鑒於有心人士多次濫用仁愛傳教會同工的名
義，宣布解散同工會。

1994年2月3日
在美國首都華府全國早餐祈禱會上演講。

1996年
成為歷史上第四位榮譽美國公民。身體越發衰弱，再度請辭總
會長一職。

1997年3月

尼瑪拉修女（Sister Nirmala）獲選為新總會長。最後一次長途旅行，到了羅馬、紐約、華府。原計畫的北京行沒能如願。

1997年9月5日

與世長辭，享年八十七歲。最後的話是：「耶穌，我愛祢！」印度政府予以國葬的殊榮。

2003年10月19日

上午十點鐘，教宗若望保祿二世在聖伯多祿廣場主持冊封德蕾莎修女為「真福」大典，共三十萬人士參禮。

至今，仁愛傳教會已有五千多名修女、修士和神父，在全球一百卅六個國家和地區，共六百多個據點，為「貧窮中最貧窮者」服務。

一月

在你的心中
常保有愛天主的喜樂，
並把這一喜樂
帶給所有你遇見的人，
尤其是你的家人。
作個聖人——
讓我們為此祈禱。

主，請賜給我可見的信德，
使我的工作永不陷於單調。
讓我在迎合窮苦人的幻想中
和滿足他們的願望時，
找到喜樂。
哦！可愛的病人們：
　　你們是基督的化身，
　　你們對我有著無比的親切；
　　服侍你們
　　是我無上的榮耀。

一月二日

光喊「我愛天主」是不夠的，
我還必須愛我的近人。
在聖經裡，聖若望說：
「如果你說自己愛天主，
　　卻不愛你的近人，
　　你就是一個騙子。
　　如果連親眼看得到、
　　親手觸摸得到，
　　和你一起生活的近人都不愛，
　　你怎麼敢說
　　愛肉眼看不見的天主呢？」
聖若望用了很重的字眼：
「你是一個騙子。」
這句話聽起來很刺耳，
卻是千真萬確的。

我們必須意識到
一件非常重要的事，
那就是真正的愛會痛。
我不是要帶給人傷害，
而是要為他們做好事。
這要求我不斷地給予，
直到受傷為止。
要是做不到的話，
就表明我心中沒有真正的愛，
我給周遭的人帶來的不是正義，
也不是和平。

一月四日

愛德始於今朝。
今天有人在受苦，
今天有人淪落在街頭，
今天有人在挨餓。
我們的使命就在今天，
昨日已經逝去，
明日尚未到來。
我們要讓耶穌今天就
被彰顯、被愛、被侍奉、
有飯吃、有衣穿、有居所。
不要等待明天。
如果我們今天不餵養他們，
明天我們就看不到他們了。

不久前有位年輕媽媽
抱著孩子來找我，
她說：
「修女，
　我們已經三天沒吃飯了。
　我去了兩三個地方要飯，
　他們不但不給我，
　還教訓我說：
　年輕人要自食其力。」
我趕緊去為她們找吃的，
等我回到她們身邊時，
抱在媽媽手上的嬰兒
已經餓死了。

一月六日

凡事從祈禱開始。
如果我們不向天主祈求愛，
我們就無法擁有愛，
更談不上把愛給予他人。
就像今日有些人大談特談
窮人的問題，
其實他們根本不認識窮人，
也從未與窮人說過話。
祈禱也是如此，
我們絕不能光說不練。

我們如何學習祈禱呢？

當門徒們問耶穌該如何祈禱時，

祂沒有傳授給他們任何方法或訣竅。

祂說我們應該對天主講話，

就像我們對自己的父親，

一位愛我們的父親講話一樣。

讓我們一起來誦念天主經（主禱文），

並且把這篇禱文生活出來：

　　我們的天父，

　　願祢的名受顯揚，

　　願祢的國來臨，

　　願祢的旨意奉行在人間，如同在天上。

　　求祢今天賞給我們日用的食糧，

　　求祢寬恕我們的罪過，

　　如同我們寬恕別人一樣，

　　不要讓我們陷於誘惑，

　　但救我們免於凶惡。

一月八日

天主經既簡單又美麗。
這篇祈禱適不適合我呢？
我能不能
用一顆開放而又純淨的心
來誦念呢？
這篇經文包含一切：
天主、我自己、我的近人。
如果我原諒得罪我的人，
我就可以祈禱。
生活本應像天主經一樣的簡單，
我們卻常常庸人自擾，
把它搞得錯綜複雜。

致學生：

　　願所有剛畢業的

　　莘莘學子帶走的，

　　不僅僅是一張文憑，

　　而且還有愛、和平與喜樂。

　　願他們無論走到哪裡，

　　都成為主愛般照耀他人的光芒、

　　永恆幸福的希望，

　　以及愛情燃燒的火焰。

　　願他們成為天主大愛的傳遞人。

　　願他們能將所接受的一切付出。

　　接受，不是為了留給自己；

　　而是為了分享。

保持一顆深愛他人的同情心。
要有同情心就必須祈禱，
尤其要去關心、愛護窮人。
我們也許覺得
自己已經為他們付出了很多，
可是不要忘了，
實際上是他們使我們富足。
我們虧欠他們。
你要不要替天主
做些美好的事呢？
這裡有需要你幫助的人。
這是你服務的機會。

培養孩子們一顆愛家的心，
使他們渴望與家人相聚。
如果人們真心愛自己的家，
就可以避免掉很多的罪了。

我深信，
天主經由我們來愛世界——
經由你，也經由我。
我們用德蕾莎修女的名字，
它只不過是一個名字而已；
而我們全都是天主的同工，
和祂大愛的傳遞人。
天主經由我們來愛這世界，
在這個時代有著特殊的意義：
　　有人企圖把天主改為「過去式」；
　　然而你和我，
　　藉著愛，
　　藉著聖潔的生活，
　　藉著同情心，
　　我們印證了天主的「現在式」。

為了表明我們對天主的愛，
不要怕自己變得
卑微、渺小、無助。
你端給病人一杯水，
你扶起一個瀕臨死亡的人，
你悉心餵食一個嬰兒，
你輔導一個遲鈍的孩子，
你把藥送給一個瘋病人，
你給家人喜樂的微笑，
所有這一切都印證了
天主對這個世界的愛。

一月十四日

我在美國的明尼亞波利斯市遇見

一位中風坐輪椅的婦人，

她的手腳不住地痙攣顫抖。

她問我，像她這樣還能幫助別人嗎？

我告訴她：

「妳比我們任何人做得更多、更好，

　因為藉著妳的痛苦，

　與十字架上基督的痛苦結合為一，

　更能帶給我們力量。」

因著不斷地分享、共同祈禱、

共同受苦和共同服務，

世上正凝聚起

一股強大的力量。

有些病人和身障人士無法幫忙服務，

因而他們「收養」一位修女或是修士，

用超性的方式加入他們的服務行列。

二者成為一體，

他們互稱對方是自己的「另一半」。

我的另一半在比利時，

我上一次見到她，

她對我說：

「從我脊椎疼痛的程度來看，

　妳最近應該非常忙，

　走很多路、做很多事，

　還要講很多話。」

那時她即將動第十七次手術。

每次我有重大的事情要做，

都是她在背後給予我

所有的力量和勇氣。

若是有一顆純潔的心，

無論我們在何處，

天主都會居住在我們心中。

純潔的心就是向天主開放，

完全自由，

超脫到毫無掛礙

去愛天主的程度。

但當罪進到我們的生命中，

我們與天主之間

就樹起了一道屏障。

罪不外乎奴役人。

致醫生：

　你們有沒有經歷過愛的喜樂？

　你們作醫生的能做得到。

　當病人滿懷信賴前來就診，

　尤其是他窮得付不起錢時，

　你就有了一個大好的機會，

　因為他不僅拿到幾顆藥，

　而且還得到你的關愛和照顧。

耶穌說：

「凡你為我最小的弟兄做的，

　就是為我做。」

這世界充滿了痛苦——
包括身體上的、物質上的
和精神上的。
有些人遭受的痛苦，
應歸罪於另一些人的貪婪。
物質和肉體上的痛苦可來自
飢餓、無家可歸和各種疾病，
然而最大的痛苦莫過於
孤獨、沒人愛、一個朋友也沒有。
我越來越感受到，
最嚴重的病是被遺棄，
那是任何人都曾經驗過的。

致教師：
 不要忽略那些能力差的孩子。
 請你們三思：
 如果你們不用心去教導
 那些學習有困難、
 有可能中途輟學的學生，
 他們將對社會造成什麼影響？
 窮人中那些不算太窮的——
 資質優等的孩子，
 往往還能找到立足之地。
 因此我所要盡力服務的對象，
 是那些遲鈍、較笨的
 而又飢腸轆轆的孩子。

一月二十日

讓我們祈求聖母：
　使我們肖似她的聖子，
　擁有一顆「溫良而又謙卑」的心。
我們學習謙卑，
就應該愉快地接受羞辱，
不要失去任何一次機會。
傲慢自大、嚴厲粗暴、
喜怒無常、自私自利
都是很容易做的事，
但天主造我們
是為了更偉大的目的。
為什麼我們要自甘墮落，
糟蹋我們心靈的美好呢？

現代人，尤其是年輕人，
崇尚眼見為實。
你談論愛、談論祈禱；
而他們要知道的是
你怎麼愛？怎麼祈禱？
同情心對你代表著什麼？
他們對你的論斷端看
你如何作一個
天主愛的同工和傳遞人。

一月廿二日

謙卑總是閃耀出
天主的偉大和光榮。
藉著謙卑，
我們在愛中成長。
謙卑是成聖的第一步。

不要忽略你的家庭，留在家裡！
如果說現今有很多年輕人誤入歧途，
其原因不乏是
祖父母住進了養老院，
母親在外面忙得顧不了
放學回家的孩子。
沒有人等他們回家，
沒有人在家裡陪他們玩，
於是他們走到外頭，
混跡於那充斥著毒品、
酒精等等的街頭巷尾。
放諸四海而皆準，
凡事取決於我們如何彼此相愛。

一月廿四日

請不要殺害孩子。

我要孩子。

我願意接受所有

可能會被墮胎拿掉的孩子，

把他（她）託付給已婚的夫婦。

他們會愛孩子，

孩子也會愛他們。

我們僅在加爾各答的一處兒童之家，

就收養了三千多個幸免於墮胎的孩子。

這些孩子給養父母帶來了

無限的愛和喜樂，

同時他們也在愛和喜樂中日漸茁壯。

當我們一無所有
而無從給予時，
我們把這虛無交付給祂。
當我們徹底空虛時，
天主就能滿足我們。
當我們驕傲自滿時，
天主就無法充滿我們。
天主不會強迫我們接受祂。
你要用天主賜給你的愛，
充滿這世界。

一月廿六日

天主在我們生命旅程中安排

我們遇到某個人，

其實就是要我們

為他（她）效勞的記號。

這不是巧合；

而是天主的計畫。

良心驅使我們去幫助他（她）。

我們有些同工組成了
小型的「聆聽組」，
到老人的家裡探訪，
坐下來聽他們開講。
即使是三十年前的陳年往事，
老人家總喜歡有人聽他們說話，
鼓勵他們開口。
別人都不願意傾聽時，
你卻去聽，
這是非常美好的舉動。

對家人以外的人微笑是容易的。
照顧你不熟悉的人也是容易的。
但要對天天見面的家人
常保持體貼入微、
和藹可親、笑口常開，就困難了。
尤其當我們疲憊不堪、
脾氣暴躁或是情緒低落時，
就更難做到。
我們都會遇到這種時刻，
這也是基督以苦惱的外表作掩飾，
來拜訪我們的時刻。

當我們把我們的目光
從我們自身、我們的得失、
我們的權利、特權和野心挪開時，
我們立刻會清楚地看到──
耶穌就在我們身邊。

每個人都必須按照
自己決定的方法去行事，
不帶一絲勉強或逼迫，
因為天主喜愛樂善好施的人。
祂將豐厚的賞報賜予
快快樂樂施捨的人。
若是你工作上遇到困難，
要快樂地接受，
微笑著接受。
感激天主和近人
的最佳方式，就是
歡喜地接受每件事。

二月

天主愛你們。
因此你們要彼此相愛，
如同天主愛你們一般。
愛是分享，
愛是將我們最好的
奉獻出來。
不論你是誰，
任何人都可以成為
天主愛的傳遞者。

愛如果保留在自身內，
就失去了意義。
愛必須付諸行動，
而具體的行動就是服務。
唯有與天主結合，
才能成就愛的使命。
在與天主的結合中，
對家庭的愛、
對近人的愛、
對窮人的愛，
都會自然而然地流露出來。

你在工作中也能夠祈禱。
工作不會阻止祈禱，
祈禱也不會妨礙工作。
你唯一要做的是——
舉心向上說：

　　天主，我愛祢、

　　　　我仰賴祢、

　　　　我相信祢、

　　　　我現在需要祢。

就用這樣短短的句子。
這全都是美妙的禱文。

致醫生：

　　我特別熱愛醫生。

　　你們所從事的不僅僅是一種職業，

　　而且是一個聖召——

　　表達天主的愛、

　　天主的憐憫、

　　天主治癒病人的大能。

　　天主揀選了你，

　　要你去從事一項特殊的使命。

　　無論富貴貧窮，

　　人總是會生病，

　　作醫生就意味著

　　走出自己，

　　在每一位病人身上觸摸到天主。

有次我們看到一個窮人

躺在下水道邊奄奄一息，

他滿身是蛆，四肢殘缺不全，

我們把他接到了卡俐閣※垂死者之家。

他說：

「我流浪街頭活得像條狗，

　　妳們愛我、照顧我，

　　使我宛如天使般死去。」

等我們幫他清除了身上所有的蛆，

他帶著大大的微笑說：

「修女，我回家見天主了。」就斷了氣。

見到一個人的偉大是如此令人驚歎。

他沒有責怪任何人，

沒有拿任何事作比較；

人的偉大之處就在於，

儘管物質貧乏，精神卻是富有的。

※原來是一處供奉印度教女神卡俐的廢置廟宇，1952年，德蕾莎修女在
　加爾各答當地衛生官員的協助下，把那裡改建成垂死者的收容所。

樂善好施的人很偉大。

喜樂是慷慨的標記，

克己的人

無私忘我，

在所做的一切事上

努力中悅天主。

好善樂施的人常常掩飾

他們一生的犧牲奉獻，

和與天主不間斷的結合。

我們相不相信天主的愛
是無限的，並具有大能，
祂的慈愛極其溫柔，
超越罪的邪惡，
超越分裂世界的
所有敵意、衝突和緊張，
超越強力的炸彈
和人類的手與頭腦
所製造的槍砲？

一旦意識到傷害了別人時，
請馬上說：「對不起」。
除非我們覺悟到
自己也需要被寬恕，
否則我們無法寬恕別人。
愛，始於寬恕。

有一次我從垃圾堆裡
接回來一個發著高燒的婦人；
她活不了幾天了，
她唯一的悲嘆是：
「我的兒子把我拋棄在垃圾堆裡。」
我懇求她：「妳要寬恕妳的兒子。
　　他一時發瘋，變了個人，
　　做了一件令他終生後悔的事。
　　拿出妳的母愛，寬恕他。」
花了我好長一段時間，
她終於說出：「我寬恕我的兒子。」
她在我的臂彎裡嚥氣之前，
說出了真心寬恕的話；
她沒有考慮到自己
就快死了。
兒子拋棄了她，使她肝腸寸斷，
想必你我都能感同身受。

要變得體貼入微
最快且最可靠的途徑是——
從他人的利益出發，
善用自己的舌頭。
如果你多想想別人的長處，
你也會多講述別人的長處。
惡言傷人是非常實在的，
舌頭可以比刀子更犀利，
造成的創傷和痛苦，
往往只有仰賴天主的恩寵才能治癒。

我每天要簽很多的信件，
有時我非常疲倦。
我因此跟耶穌立了合約：
每封信尾的「天主保佑你！
　　　　　德蕾莎修女上」
含二十五個英文字母[※]，
我就向收信人獻上
二十五份愛意。

※God bless you! Mother Teresa, M.C.正好含二十五個字母。而M.C.則
　是德蕾莎修女創立的仁愛傳教會（Missionaries of Charity）的英文縮
　寫。

致父母：

　世界上仍有不少地區存在著精神荒漠。

　在那裡的孩子身上帶著被遺棄的烙印，

　父母離異的後果

　深深地打擊著他們的心靈。

　甚至當他們渴求精神的生活時，

　很多年輕人有所疑慮。

　他們很難信賴天主，

　因為他們根本無法從

　生命中要倚靠的人身上

　找到值得信賴的地方。

　父母的分離剝奪了

　孩子童年及青春期的純真，

　他們因此懷疑一切，自卑沮喪。

　他們會問：活著有什麼用？

　　　　　生命的意義何在？

我信從天主的話。
信仰是天主的恩賜。
沒有信仰，
也就沒有生命。
如果我們想要
自己的工作有豐美的成果，
我們必須將之建築在
信仰的根基上。
愛和信仰相輔相成，
缺一不可。

面對一切的困難、疑惑和反對，

你要信賴天主，

祂絕不使你失望。

如果天主沒有給你方法，

這表明祂不希望你做那件特別的事。

如果祂要你達成的話，

祂必定會提供你所需要的一切。

因此你不必擔心。

聖德就是接受天主的旨意。
聖德不是少數人的奢侈品，
它不是僅為一些人，
它是為你，也是為我的。
它是一項簡單的任務。
你必須祈禱，
才有能力學著去愛，
學著成聖，並有能力愛人。
在聖德上要有所進展，
就看你怎麼和天主合作。

現代人渴求愛，

因為只有愛可以消解

孤獨感和心靈的赤貧。

在某些國家，沒有人餓肚子，

但那裡卻有人深受

孤獨、失望、仇恨、被遺棄、

絕望、無助的痛苦。

他們忘記了怎麼去笑，

他們忘記了人性觸摸的美好，

他們甚至遺忘

人性的愛是什麼。

他們需要一位

懂得他們、尊重他們的人。

不必往遠處找耶穌，

祂不在遠處。

祂離你很近，

祂和你在一起。

時時點亮你心田裡那盞油燈，

那麼，

你將永遠看到祂。

時時為心田的油燈，

注入幾滴愛的燈油，

你會看見你所愛的天主

是何等甘飴。

天主是聖潔的天主；
任何不潔的事物
都無法在祂面前駐足。
我不認為天主會恨，
因為天主是愛，
儘管我們既悲慘又罪孽深重，
祂仍然愛我們。
祂是一位慈愛的天父，
我們只有投奔祂。
天主不會恨；
天主只有愛，
因為祂就是愛。
但不潔是一道障礙，
阻礙我們看見天主。

在加爾各答，
我們看得到垂死者的居所。
在其他國家裡，
許多年輕人生活在
肉眼看不到卻又非常真實的
垂死者居所裡。
談起福音中浪子回頭的比喻，
一個來自紐約的男孩告訴我：
「在我們家裡，
　離家出走的不是兒子，而是父親。」
有的父母，
雖然為子女提供物質所需，
然而在他們孩子的心目中，
他們根本不存在。

一次有個乞丐來看我，他說：

「人人都捐給妳一點東西。

　我也想要捐些東西給妳。」

說完他遞給我

一枚面值十分的錢幣。

如果我收下錢，他會挨餓；

如果我不收的話，他會失望。

於是我接受了那枚十分幣。

我心裡很感動，

他捐出了他所擁有的一切，

他的禮物比諾貝爾獎還珍貴。

我在他的臉上

看到了付出後的喜樂。

甘地愛他的人民一如天主愛他，

在他身上觸動我的最美之事，就是

他的非暴力理念，

和他把服務窮人等同於愛造物主。

他說：「服務窮人就是服務天主。」

甘地的非暴力思想

在我看來不僅僅是指

不使用槍枝炸彈，

而是先從我們家庭開始的

愛、和平與憐憫。

如果我們之間有愛、

如果我們彼此憐憫，

那麼非暴力理念就能真正傳布出去。

耶穌基督一再地對我們說：

「你們要彼此相愛，因為我愛了你們。」

我不認為自己有什麼
特殊的本領。
我在我們的工作裡毫無功勞,
那是祂的工作。
我像是祂手中的一枝小鉛筆,
如此而已。
祂在構思,
祂在執筆。
鉛筆本身沒有什麼作為,
鉛筆只是被拿來用而已。

二月廿二日

愛的工作就是和平的工作。
我們不需要用炸彈和槍械來贏得和平，
我們需要的是愛和憐憫。
我們也需要祈禱，
與天主密切結合。
我們今天相聚一堂，
學習什麼是和平，
好把它傳給別人。
我們要學習並了解到，
除非我們的心充滿天主，
我們無法把愛給予別人，
也無法把和平傳給別人，
而這世界，就不會有和平。

讓我們一起用亞西西的
聖方濟※的「和平禱詞」來祈禱，
努力活出這篇禱文的精神，
並讓它化為我們自己的心聲：

　上主，

　讓我作祢和平的工具。

　在有仇恨的地方，播種友愛；

　在有冒犯的地方，給予寬恕；

　在有分裂的地方，促成團結；

　在有錯謬的地方，宣揚真理；

　在有疑慮的地方，激發信心；

　在有失望的地方，喚起希望；

　在有黑暗的地方，放射光明；

　在有憂傷的地方，散布喜樂。

※聖方濟‧亞西西（1181-1226年）義大利一鉅富布商之子，於二十歲
　時誓志拋開家產，以赤貧乞討的生活方式去傳福音。他創立了著名的
　方濟男女修會，以及由教友組成的「第三會」。他於1224年九月一次
　避靜中領受了像基督一樣的五傷。教宗額我略九世在方濟去世不到二
　年內，即冊封他為聖人。

禱文（續前）：

上主，

願我不求他人的安慰，只求安慰他人；

不求他人的諒解，只求諒解他人；

不求他人的愛護，只求愛護他人；

忘卻自我，才能找到自我；

在寬恕時，我們得到寬恕；

在死亡時，我們生於永恆。

阿們。

你我都是因著更偉大的目的而創造。

我們被造不是為了

漫無目的地虛度一生，

人生更崇高的目的在於——

愛及被愛。

除非我們認識愛，

否則我們不會去愛。

知識總是引領我們去愛，

愛繼而促使我們去服務。

二月廿六日

有一天，

一位身穿華貴紗麗的婦人來看我。

她對我說：

「修女，我想加入妳們的服務行列。」

為了給她一個妥善的答覆，

我默默地祈禱了一會兒。

然後我對她說：

「我想就從紗麗開始吧。

　　妳每個月去買一件

　　便宜一點的紗麗，

　　把省下的錢送來資助窮人。」

於是她開始購買便宜的紗麗，並說

那樣做改變了她的人生。

她真正懂得了分享。

她對我說，

她得到的比付出的多更多。

當我們經歷到神枯的時候，

有一個簡單的解決辦法：

如果我們明認耶穌在我心裡，

就讓祂來祈禱，

邀請祂在我內祈禱。

在寂靜的心中，

允許祂在我內祈禱，

與祂的父交談。

如果我無法說話，

祂會替我說話；

如果我無法祈禱，

祂會替我祈禱。

那就是為什麼我們說：

「我心中的耶穌啊！

　我信賴祢對我

　始終不渝的愛。」

對我來說，
耶穌是我的天主，
耶穌是我的淨配，
耶穌是我的生命，
耶穌是我唯一的愛，
耶穌是我一切的一切，
耶穌是我的所有。
耶穌，我以我全部的心、
整個的人愛祢。
我獻給祢我的所有，
甚至我的罪。
祢以祢的仁慈和愛情聘娶了我。
現在和將來，我全屬於祢──
被釘在十字架的淨配。

三月

天主造我們，
是為了要我們去愛和被愛。
體會到祂愛我們，
了解自己是
因著更崇高的目的而受造，
這是祈禱的開端。

我們如何去愛、
去締造和平、去喚起希望呢？
聚在一起祈禱的家庭
不會離散；
如果我們保持相聚，
自然而然的，
我們會彼此相愛，
並感到相互需要。
我覺得我們今天就要
把祈禱帶回家。
教導你的孩子祈禱，
而且和他們一起祈禱。

三月二日

上主向我們說什麼呢？

祂說：

「我曾用你的名字召叫你，你是我的；

　水不會淹到你，火不會燒著你。

　為了你，我可以放棄萬國，

　你是我的寶貝，我愛你。

　縱然母親能忘掉她的兒子，

　我也不能忘掉你。

　我已把你刻在我的手心裡。」

同樣的，

你所遇到的每個人，

在天主眼中都是寶貝。

請幫助他們在聖德中成長，

因為聖德不是少數人的奢侈品。

為你、為我、為所有的人，

這是一項簡單的任務。

我們要知道，

如果我們真心去愛人，

我們必須先學會寬恕。

寬恕他人，

也請求被寬恕；

去原諒而不是去譴責。

我們要先從與自己和好開始，

然後再與其他人和好。

一顆純潔的心是和好的開端。

心靈純潔使我們

在別人身上看見天主。

我們必須傳布天主的愛。

讓所有親近你的人，
感受到喜悅和歡樂；
他們可以在你的臉龐、
眼神和笑容看到美善。
喜樂從眼神流露出來，
它也從言行中透露出來。
它無法被封閉在自我內，
它要向外抒發。
喜樂是具有高度傳染力的。

知曉天主的臨在，

以及祂如何照顧我們，

是一種美妙的感覺。

與他人一起分享那種喜悅，

你會在分享中

把生命帶入家庭。

我為你們和你們的國家祈禱，

願我們都能體會到

天主對我們偉大的愛，

我們要以這大愛，

去保護尚未出生的胎兒。

這些小生命是天主給我們每個人

以及全世界

最珍貴的禮物。

三月六日

祈禱是喜樂，
祈禱是天主愛的光芒，
祈禱是永恆幸福的希望，
祈禱是天主為愛你和愛我
而迸發出的火焰。
讓我們彼此代禱，
因為這是彼此相愛的
最佳途徑。

我們怎麼學習祈禱呢？

靠著祈禱。

如果一個人不知道

如何祈禱，

那麼就很難去祈禱。

我們必須勉勵自己去學習。

帶著完全信賴天主愛你、

關懷你的心態去祈禱，

讓祂以喜樂充滿你，

使你的講道不含說教的口吻。

睜開你的眼睛看一看。
不只有吃不到一片麵包的飢餓，
還有另一種飢餓，
那是不了解愛
和聽不到天主聖言的飢餓。
赤身露體不僅僅是
缺少了一件衣服；
另一種赤身露體，
就是丟失了人性的尊嚴，
喪失了今天被普遍濫用的
純潔的美德。

有一天我走在倫敦街頭，
看到一個人獨自坐在那裡，
他當時那種無比寂寞的樣子
使我畢生難忘。
我走上前去，拉起他的手握住。
他驚呼起來：
「啊，真想不到隔了這麼久，
　我居然還能再次感受到
　別人手心的溫暖。」
他的臉也因此綻放了光彩。
他變了一個人。
他感到真的還有人在意他，
真的還有人關心他。
我在此之前根本沒想到，
這樣一個小小的行動，
竟會帶給他如此大的快樂。

三月十日

我們行善不要僅僅滿足於捐錢。
捐錢還不足夠，
因為錢賺了就有。
我希望更多的人
伸出他們的手去服務，
掏出他們的心去愛人——
要意識到窮人
就在他們自己的家庭裡、
社區裡、國家裡，
懷著愛和憐憫的心伸出援手，
把物資捐到最需要的地方，
並且和每一個人分享愛的喜樂。

耶穌高懸在十字架上
嚥氣前曾高喊：
「我渴。」
耶穌渴望我們的愛，
我們每個人，
不論貧富貴賤，
也有著同樣的渴望。
我們全都渴望別人的愛，
渴望別人對我們好，
渴望他們不要傷害我們。
真正的愛意味著
給予，直到受傷。

有一次有人好奇地問我：
如果那些赤貧的人
忽然不再需要妳們的服務了，
妳們如何打發今後的日子？
我回答說：
「那樣的話，
　我們也將和許多人一樣，
　加入失業的行列。」
不過耶穌曾說：
「你們常有窮人
　和你們在一起。」

在加爾各答的總會院，

我們每天要接待無數的訪客。

我在會見他們時，

送給他們一人一張我的「名片」。

上面印著：

沉默的果實是祈禱；

祈禱的果實是信德；

信德的果實是愛德；

愛德的果實是服務；

服務的果實是和平。

這別具一格的名片讓人思考。

有時來客會要求我作解釋。

其實你看，

凡事始於祈禱，

而祈禱又是生於我們寂靜的心靈。

你們可以與別人分享

自己需要祈禱的經驗、

自己是如何找到祈禱的，

和祈禱在生命中結出的果實。

我的心是否純潔到能讓我
在所有兄弟姊妹身上
看到天主的面容？
有黑皮膚的、白皮膚的、
衣不蔽體的、患痲瘋病的，
還有奄奄一息的。
這就是我們為什麼要祈禱。
因為天主生活在我們當中，
並且不斷地聖化我們，
使我們作彼此的兄弟姊妹，
成為天主大家庭中的子女。

我們要記住耶穌說的話：

「凡你為我兄弟中

　　最卑微的一位做的，

　　就是為我做。」

請想一想，

你向一個孤獨的陌生人

綻出一絲微笑；

你在十字路口

牽著盲人過馬路；

你寧可自己少吃，

把省下的送給飢腸轆轆的窮人，

這一切你都在為祂做。

我永遠不會忘記有一次參觀
一間養老院的經歷。
兒女們把年老的父母送去後
就將他們遺忘了。
這些老人們雖有豐盛的食物、
舒適的環境、電視機，
物質方面樣樣不缺，
可是每個老人都不時地
朝大門的方向張望。
我看不到一張掛有笑容的臉。
我習慣於天天見到微笑的臉龐，
甚至是臨終病人的笑容。
我忍不住問：
「他們為什麼都不笑？」
院長修女嘆道：
「他們總是日復一日，心存一絲希望，
　期盼兒女來看望他們。」
遺忘了愛，造成精神上的貧瘠。

祈禱的果實是加深的愛

和強化的信德。

如果我們信，

我們就會去祈禱，

而愛的果實是服務。

因此愛的工作

常是和平的工作。

為了使自己能心手合一地

投入愛的服務，

我們必須認識天主，

我們必須認識天主就是愛，

祂愛我們，

祂為了更崇高的目的

造了我們每個人。

如果你謙遜，
沒有任何事能夠擊垮你。
如果你是聖人，感謝天主。
如果你是罪人，快快改過。

一位先生有次問我說，
怎樣才能消弭印度的貧窮。
我回答他：
「如果你想愛窮人，
　你就必須與他們分享；
　如果你想消除貧窮，
　你就必須與窮人分享。」

天主以祂特有的
方法和途徑在人心裡工作，
我們並不清楚
別人的心與祂有多接近。
然而我們從他們的言行舉止，
就能知道他們
是否在天主的通盤計畫中。

當我們聽到
謀殺、戰爭以及仇恨時，
沒必要大驚小怪的。
如果一個母親可以
殺死自己腹中的孩子，
其他人還能做的，
就是彼此殘殺了。

三月廿二日

我們的工作應該是愛的工作，
我不希望它沾上商業氣息。
我要你們堅信，
天主不會使我們失望的。
信從祂的話，
先求祂的國，
其餘一切自會加給你。
喜樂、和平和團結，
遠比金錢重要。
如果天主要我達成某一件事，
祂一定會給予我所需的一切。

記得我剛開始服務窮人時，

有一次發高燒，

神志昏迷中我跑到了

聖伯多祿宗徒[※]前。

他對我說：

「回去！天堂裡沒有貧民窟！」

我很生氣，就對他說：

「那好！從此我要把貧民窟的人

　統統送到天堂裡，

　那樣你們也就會有貧民窟了，

　然後你不得不讓我進來。

　我們全都要返回天鄉的。」

※聖伯多祿（又譯聖伯鐸或聖彼得），漁夫出身，被耶穌召叫作了祂的
　門徒，又由耶穌親自更名，被立為宗徒之長、教會的磐石，掌管天國
　的鑰匙。他是第一任教宗，於西元64年左右，在羅馬被倒釘在十字架
　上殉道。

耶穌以祂的苦難教導我們：
如何因著愛去寬恕，
如何因著謙遜而不計前嫌。
因此讓我們從基督的苦難開始
捫心自問：
是否還有無法寬恕的傷害，
是否還有無法忘懷的苦痛？

我們修會每天在加爾各答

要為九千個窮人作飯，

我們不提供，他們就沒得吃。

一天，一位修女跑來告訴我：

「我們快沒有米了，我們必須宣布

　週五和週六我們沒法開伙。」

那個週五早上大約九點鐘，

一輛滿載麵包的卡車來了。

原來政府因故勒令學校停課，

所有為學生們準備的麵包

都送給了我們，

那兩天我們的窮人們有吃不完的麵包。

我知道為什麼

天主讓那幾所學校停課，

那幾千人一定知道

天主愛他們、關懷他們。

如果我們真心渴望祈禱，
一定要先學會聆聽，
我們靜心斂神時，
天主才向我們說話。
為了能體驗到那份寂靜，
為了聽見天主說的話語，
我們需要純潔的心靈。
讓我們來聆聽
天主對我們說的話。
我們要先聆聽、
先與天主連結，
然後我們才能開口說。
內心充盈時，
口唇會講話，
心神會思考。

我不是頒獎會當日的主角。

那日基督用我作祂的工具，

去團結所有在場的人。

事情在我看來是這樣的：

人們前來相會，

因為他們需要天主。

非常奇妙的是，

那裡有一種宗教氣氛，

人們都在談論天主。

這為我是一個很棒的經驗。

我感到能把大家

團聚在一起談論天主，真的很美妙，

這是世界的新希望。

三月廿八日

認識自我
使我們雙膝跪地，
愛必須有這種謙卑。
認識天主
讓我們體會到愛；
了解自己
使我們謙卑自持。

天主是愛，
愛是天主，
所以愛無止境。
如果你真心愛天主，
你就會發現——
天主的愛是無限的。
給多給少不要緊，
重要的是
我們投注多少愛心。

三月三十日

我們在天主面前都是窮人。
我們身上多少都帶有些殘障，
有時暴露於外，
有時深藏於內。
一個身體健康的人也許
比臨終的人更接近死亡。
他們精神上可能已經死了，
只是外表看不出來。

四月

我很不喜歡上鏡頭，
不過我要在每件事上都
光榮天主。
當我允許別人拍照時，
我就請耶穌把一個煉獄裡的
靈魂帶進天堂。

準備復活節

一個好而必要的方法是——

回歸天主的懷抱，

尤其當我們已經遠離祂時。

天主非常溫柔地愛著

我們每一個人。

祂對我的思念遠勝過

我對祂的思念。

如果我們真的謙卑，

我們就會看到離開祂的原因，

然後把誘因除掉。

如果你想在這四旬期中

聖德有所增長，

把你的手放在聖母的手中，

請求她幫助你成為

溫良謙卑的人。

我們都覺得，
自己所做的不過如海水中
的一滴水那般微不足道。
但若是少了那滴小水珠，
大海就會因此變小。
我們不注重數量多寡。
我們在乎的是，
每一次愛一個人，
每一次服務一個人。

我們常有可能掉進
為工作而工作的陷阱裡。
如果我們忘記了
自己工作的對象，
我們就會陷入危險。
尊重、愛心和奉獻
在這兒至關重要，
我們要把工作交託給天主，
為天主做、為基督做，
為此我們盡可能做到盡善盡美。
我們必須將服務中伴隨而來的
美好感受，
傳遞給尚未有此體驗的人。
這是我們工作最大的賞報。

四月四日

未來不在我們的掌握中，
我們對未來無能為力。
我們只管今天的行動。
我們修會會憲中有這樣一句：
「我們仰賴好天主
　為我們的未來運籌帷幄——
　因為昨日已經逝去，
　明日尚未來臨，
　我們唯有今日去引導眾人
　認識天主、愛天主
　和服務天主。」
所以我們不擔心未來。

一次，
我們給孩子們吃的糖
全部告罄。
一位小男孩不知從哪裡聽說了
德蕾莎修女正缺糖，
他回家就向父母親宣布：
「我要三天不吃糖，
　把省下來的糖送給德蕾莎修女。」
三天後，
父母陪他來到我們會院，
他手裡捧著一小瓶糖。
小男孩的發音還沒法準確
叫出我的名字，
但他教了我一個大道理——
給多給少不要緊，
重要的是我們投注多少愛心。

在多元宗教的國家裡，

我們的工作

完全沒有困難。

我們把所有的人都看作是

天主的子女，

他們是我們的兄弟姊妹，

我們極其尊重他們。

不管是基督徒還是非基督徒，

我們工作的目的在於

鼓勵他們去從事愛的行為。

真心所做的每一件愛的工作，

都會讓人們更加接近天主。

一位訪客非常驚嘆於
卡俐閣垂死者之家內
散溢著安寧的氣氛。
我簡單地告訴他：
　天主在這裡。
　區分貧富貴賤的
　種姓等級和教條，
　已經失去了意義；
　他們與我們之間
　信仰的異同，
　已經無關緊要了。

四月八日

我在所有與我接觸的人身上
看到了基督，因為祂說過：
「當我飢餓時、口渴時、
　赤身露體時、生病時、
　痛苦時、無家可歸時，
　你照顧了我。」

無家可歸不僅僅是
缺磚少瓦的問題，
更是
被遺棄的人、
沒人愛的人，
孤苦伶仃的可怕感受。
我們在那裡嗎？
我們知道他們嗎？
我們看得見他們嗎？

四月十日

我曾對加爾各答的一個樂團說：
「你們和我們的工作彼此互補，
　我們滿足了世上的迫切需求。
　你們在演奏中給人喜樂，
　而我們則藉服務
　達成相同的效果。
　你們能歌善舞，
　我們則專於洗衣擦地。
　你們在世界各地
　播撒天主給你們的愛。」

我永遠忘不了我的母親。

她總是忙上一整天，

然而一到晚上，她就會打理好一切，

然後迎接父親回家。

那個時候，我們都不懂，

我們時常取笑她，還會藉機戲弄她。

但是當我現在回憶起這些時，

我看到的是母親對父親

偉大又溫柔的愛。

不管發生了什麼事，

她總是以笑臉迎接父親。

今天的我們總是沒有時間。

父母親忙得昏天暗地；

孩子們回到家裡，

既沒有人愛他們，也沒有人向他們微笑。

因此我對我的同工們很嚴格，

我堅持說：家庭第一。

如果你經常不在家，

你們彼此之間的愛怎麼可能成長呢？

將天主的良善活出來；
在你的眼睛裡有良善，
在你的臉上有良善，
在你的笑容裡有良善，
在你熱情的問候裡有良善。
我們都只是祂的工具，
我們盡完自己小小的本分後，
就讓它過去。
我相信，
表達良善的方式與
良善行為的本身同等重要。

如果有些人不幸餓死，
這不能怪罪天主不照顧他們，
而是因為你我沒有
作天主手中愛的工具，
沒有給他們麵包吃。
當基督藉著飢腸轆轆的
窮困外表來到我們中間時，
我們沒有認出祂。

四月十四日

即使我閉上嘴巴，

我也能用我的眼睛

與你談上足足半小時。

從你的眼睛裡，

我能看到你心裡有無平安。

我們注意到

身上洋溢著喜樂的人，

從他們的眼睛裡，

你可以看到純潔。

如果我們想要有寧靜的心神，

我們首先要有眼睛的寧靜。

用你的雙眼幫助自己

好好地祈禱。

請與我一起祈禱：

上主，

讓我有能力，

為世上那些因飢餓貧窮

而在生死邊緣掙扎的人服務。

藉著我們的雙手，

給他們送上每日的食糧；

藉著我們感同身受的愛，

帶給他們平安與喜樂。

全球各地的人有著
不同的樣貌、
不同的宗教信仰、
不同的教育程度、
不同的職位，
但他們全都是一樣──
他們都是需要被愛的人，
他們都渴望愛。
你們在加爾各答街頭看到
有人餓得瘦骨嶙峋，
其實在倫敦或紐約
也有人飢渴被愛。
總之人人需要被愛。

聖經上說：

「我去尋覓能安慰我的人，

　但一個也沒有找到。」

耶穌是你的孩子、

你的配偶、你的鄰人，

找個人去安慰祂。

你在那裡嗎？

讓我們下決心：

我要去安慰我的孩子、

我的配偶和我的近人——

不能光說不練，

而要靠我的分享和犧牲。

或許只是用一個美麗的微笑，

取代難看的臉色；

說一句動聽的話，

取代忿怒的言語。

我們要不惜麻煩地去安慰祂。

我們很感謝耶穌。
祂給我們
千千萬萬個機會，
把希望帶給眾生。
世界正處在
多災多難的絕望邊緣；
藉著對受苦者的關懷，
我們能引領世人發現，
活在世上及帶著知足的微笑
迎接死亡的全新意義。
因為在生命的終點，
我們都要回歸天鄉
面見耶穌。

你無法同時給兩個人
完全的愛。
但是如果你愛所有人當中的天主，
你就能給所有的人完全的愛。
人應該把自己的
意念、生命和工作
專注於天主，
在每個受苦者身上看到祂。

一天，有個人來到卡俐閣垂死者之家，
逕自衝進病房。

當時我正好在那裡。

過了一會，他走出來對我說：

「我帶著對天主和對人的

　滿腔仇恨進來，

　我感到空虛、無信和忿怒。

　那時我卻看見一位修女

　正全神貫注地悉心照料病人，

　我頓時感到天主還活著。

　當我走出病房時，我變了一個人。

　我相信天主還在，

　祂仍舊愛著我們。」

我希望這個故事

能烙印在你們的腦海裡，

因為今天

天主藉著你我愛著這世界。

我們要彼此真誠相待，
並且勇敢地接受
對方身上的優缺點。
不要大驚小怪，
老想著別人的缺失；
而要去發現和尋找
別人身上的長處。
因為我們彼此都是
按照天主的肖像而受造的。

四月廿二日

現代的年輕人只針對一件事情，
要麼全部付出，
要麼完全不給。
這是為什麼我接受邀請
來這裡的原因。
因為我希望所有
參與甘地工作的男女青年，
奉獻自己的生命和青春，
傳播天主在聖雄甘地身上所彰顯的──
對同胞的愛，
對非暴力的愛。

我愛所有的宗教信仰，
但我更愛我自己的信仰。
如果藉著我們愛的工作，
使人們能作個
更好的印度教徒、伊斯蘭教徒
或是佛教徒，
那裡就有某種東西在萌芽，
他們會越來越接近天主。
當他們越接近時，
他們就必須作選擇。

四月廿四日

如果你有眼去看，
你會發現加爾各答遍布世界，
加爾各答的街道
延伸到每家每戶的門前。
我知道你們都計畫
來一趟加爾各答，
但有時愛遠方的人較為容易，
愛那些在我們身邊的人
並不是那麼簡單，
尤其是那些我不喜歡的
或是我看不起的人。

女人是家庭的心臟。

讓我們祈禱，

願所有的女性都能了解

自身存在的意義：

　去愛和被疼愛，

　並藉由這份愛，成為

　世上和平的工具。

四月廿六日

當我接到
獲得諾貝爾和平獎的消息時，
我說：
「我個人當不起這項殊榮。
　　但我實在要感謝天主，
　　因為祂使全世界領悟到
　　窮人的存在，
　　以及愛的工作
　　就是和平的工作。」
在同一天，
有人把一個瘦弱的棄嬰
送到我們開設在
加爾各答的兒童之家，
我們給她取名叫「姍蒂」※。
她活下來了。

※印度話「和平」的意思。

聖德

不是什麼超乎尋常的事物，

也不是只屬於

少數幾個聰明絕頂的人，

好像僅有他們才可以

推理、長篇大論討論

和閱讀了不得的書籍。

聖德

是我們每個人的簡單職分——

無論何時何地，

我們都要對天主心悅誠服。

四月廿八日

我們永遠無法知曉
一個單純的微笑，
會有多好的效果。

四月廿九日

若我們能彼此互補，
那真是一件非常美好的事！
你們可能無法做到
我們在貧民窟裡做的事，
而我們也無法做到
你們在家庭生活、校園生活
和工作崗位上所做的。
然而當你我攜手並進時，
我們就在共同為天主做一些
美好的事情。

四月三十日

五月

真心相愛的人，
是世界上最快樂的人。
也許他們擁有的少得可憐，
也許他們一無所有，
但他們是快樂的人。
每件事快樂與否在於
我們如何彼此相愛。

五月一日

我向你們青年人呼籲：

　　你們是我們國家的希望，

　　你們是我們國家的喜樂，

　　把喜樂與和平

　　帶進我們的家庭，

　　帶給我們的國家。

　　那樣的話，

　　我們就能讓天主的愛

　　散發到全世界。

我確信所有的人
在內心深處都知道——
母腹中幼小的胎兒，
是依照天主的肖像受造的，
從受孕開始就是一個
為了去愛和被愛的小生命。
我們該祈禱：
　　希望人人都勇敢地
　　保護這小生命，幫助他誕生。
耶穌說過：
「如果你因我的名
　　接受一個小孩子，
　　你就是接受我。」

每天在家裡祈禱短短的五分鐘。

祈禱是單純地和天主交談。

祂說，我們聽。

我們說，祂聽。

說和聽

是雙向的交流。

我們向天主求什麼？
「求祢今天賞給我們日用的食糧。」
我的日用糧指的是什麼呢？
就是和平與愛。
除了身體所需的麵包之外，
我們還需要滋養靈魂的麵包。
人不能單靠麵包生存。
在把天主經傳授給別人之前，
我們要先在自己生活中
活出這篇禱文。
祈禱是我們
傳播福音的原動力。

我們絕不能忽視窮人的尊嚴，
要尊重他們、敬重他們、
愛他們、為他們服務。
我常覺得，
他們是我們最需要感謝的人。
他們以自己在痛苦中的
信德、順從和忍耐
教導我們。
他們允許我們去幫助他們。
我們對窮人要抱有同情心，
而不光是認為他們可憐而已。

我從內心的最深處
感到自己是印度人[※]。
仁愛傳教修女會的會服，
選用印度婦女的傳統服飾；
在飲食起居上，
度著世上赤貧者的生活。
印度的發展當然需要
技術人員、熟練工人、
經濟學家、醫生、護士等。
印度需要整體規劃。
同時人民得過活，
衣食住行要有保障。
我們服務的對象就是
今日的印度。
只要這些需要繼續存在，
我們的工作就不會停止。

※德蕾莎修女從1929年起一直在印度服務。她於1948年提出申請並在隔
　年正式成為印度公民。1997年德蕾莎修女去世時，印度政府為她舉行
　了隆重的國葬。

對我來說，
生命是天主給人類
最美麗的禮物，
因此，那些用墮胎和安樂死
摧毀生命的人以及國家
是最貧窮的。
我並非在區分合法與非法，
但我無法苟同
人有權殺害生命的論點。
因為人的生命來自天主，
連尚未出生的胎兒也不例外。

五月八日

當我從街頭接回

一個飢腸轆轆的窮人時，

我端給他一盤飯、

一片麵包。

但當一個人被摒除在外，

感到恐懼、被遺棄、沒有人愛，

這個被社會拋棄的人，

他精神上的貧窮

就難以克服了。

那些缺少衣食的窮人是
非常了不起的人。
有一夜，
我們收留了四個露宿街頭的窮人，
其中一個已經奄奄一息。
我對其他修女說：
「妳們照顧那三個人；
　我自己來服侍這個
　情況看起來最嚴重的人。」
於是我用全部的愛來看護她。
我把她放在床上，
她的臉上綻出美麗的微笑。
不多久，她握住我的手，
輕輕地吐出三個字：
「謝謝妳。」
隨後安然離世。

我沒幫上她什麼，
但我自我反省。
我自問：
　如果我是她，
　我會說些什麼呢？
答案很簡單——
我一定會
要人多注意我。
我會叫：
　我好餓、我快死了、我好冷、
　我好痛，或其他的哀求呻吟。
她給予我的
比我給予她的多得多。
這是最偉大的愛。

我稱自己為罪人是一回事；
但要是別人說我是罪人、
我又覺得正中要害的話，
那又是另外一回事了，
我會奮起反擊。
若我被錯怪，我會不好受；
反之，如果有一小小的事實根據，
也就是說我本該受指責，
那種情形常叫人更不好受。
其實別人看出我們的缺點，
我們應該高興才對。

五月十二日

無論是精神財富
還是物質財富，
如果用得不當，
會壓得人喘不過氣。

一位先生來看我，

並說要捐一大筆錢。

捐出後他又說：

「我剛剛捐的是身外之物，

　我覺得還不夠，

　我還想要親自參與

　妳們的服務。」

於是他開始定期來

卡俐閣垂死者之家，

和奄奄一息的病人交談，

幫助他們沐浴和修面。

他要捐出自己的心力，

現在他真的做到了。

致婦女：

　　妳我作為女人，

　　都有一顆善解人意的愛心，

　　這是非常了不起的事。

我在那些貧窮的婦女們身上，

看見美麗閃爍的愛心。

她們為了她們的孩子，

天天要面對痛苦、

承受痛苦。

我見過有些母親

沒有充足的物資，

但為了給孩子們所需要的，

她們不惜沿街乞討。

我認為對我們同工們而言，

把同理心的愛付諸行動是

一件非常重要的事。

同工不光是一個名稱，

或只是從屬某個組織※；

任何懷有一顆愛心的人，

任何願意與人分享那愛的人，

就是一位服務的同工。

同工簡單的定義即：

　把對天主的愛付諸行動，

　樂於服務窮人的人。

同工必須以家庭第一，

然後再去服務他人。

我們千萬不能忽略了家人，

我們必須先從內部開始，

先照顧好自己的家，

做好了這些，我們才能真正對別人付出。

※德蕾莎修女於1969年成立了仁愛傳教會國際同工組織。因有人濫用此
名義，德蕾莎修女於1993年宣布解散同工會。

為了能夠去愛，
我們需要去看到、
　需要去觸摸。
那就是為什麼聖經教訓我們，
耶穌讓窮人成為
你我獲得救恩的希望。

儘管我不能親自
與你們每一位見面和交談，
但你們卻天天在我的祈禱中。
我很感激你們用不同的方式
參與我們服務窮人的工作，
並獻上你們的祈禱和犧牲。
你們受的痛苦被耶穌所悅納，
並成為許許多多恩寵的泉源。
你們完完全全
分享了我們從事的一切。

五月十八日

有人質問我：

「鑒於妳的工作是為了和平，

　妳為什麼不去消弭戰爭呢？

　如果妳致力於和平的工作，

　和平就會減少戰爭。」

但我不想摻雜政治。

戰爭是政治的產物，

我不希望自己被捲進去，

僅此而已。

如果我沾黏了政治，

我就不再會愛了。

因為屆時

我不得不去支持一派，

而不可能支持所有的人。

這樣做有違我的服務宗旨。

給人體貼的愛和關心。
你所散發出的關懷和喜樂，
會帶給人極大的希望。

五月二十日

作個聖人。
我們每個人都有成聖的能力，
而成聖的途徑就是祈禱。

愛始於家庭，
愛植根於家庭。
這就是為什麼今天世界上
有那麼多的痛苦和不幸。
如果我們聆聽耶穌的話，
祂一定會重複祂以前所說的：
「你們要彼此相愛，
　如同我愛了你們一樣。」
祂在痛苦中愛了我們，
為我們被釘死在十字架上。
因此，如果我們彼此相愛，
如果我們打算
把這愛重新帶進我們的生活，
我們必須從家庭開始。

每個人都是天主所造。
我們都知道，
天主對我們的愛是什麼。
無論我們的信仰是什麼，
如果我們真的要去愛，
我們必須學著去寬恕。
我們該彰顯天主的愛。

在我獲邀去中國之前，

有人問我：

「妳認為共產黨員是什麼？」

我回答說：

「他們是天主的兒女、

　是我的兄弟姊妹。」

沒有人敢再發言，

全場一片寂靜。

我說得並沒有錯，

因為天主用同樣愛的手，

造了你我，

也造了街頭的流浪漢。

讓我們以一種特殊的方式
向聖母祈求：
　　瑪利亞，耶穌的母親，
　　請作我們每一個人的母親，
　　讓我們像妳一樣有純潔的心，
　　讓我們像妳一樣熱愛耶穌，
　　讓我們像妳一樣服務赤貧者，
　　因為我們都是窮人。
　　我們首先要愛近人，
　　滿全天主的渴望，
　　成為祂的愛和同情心的傳遞人。

我沒有什麼東西可以給你們，
我一無所有。
但是我要你們一起做件事：
　　當你在自己家中
　　看到窮人時，
　　你就要立刻去愛，
　　愛到心痛為止。
當你了解自己家人以後，
你就可以去關懷鄰居了。
你知不知道
你的左鄰右舍是誰？
有一次，
修女們在探訪時發現，
有個獨居的老嫗已經死了好多天，
卻沒有人察覺，
鄰居們甚至連她的名字都不知道。

五月廿六日

不論是痲瘋病人、瘸子
還是沒有人愛的人、
沒有人關懷的人，
他們都有同樣的渴求：
　他們需要愛，
　他們需要同情，
　他們需要人的觸摸。
心懷仁慈的心，
摸摸痲瘋病人吧！

致醫學生：

　我懇求你們，

　不要去效法成千上萬

　光會發放救濟藥品的醫生們。

　你們要學會用愛和同情心

　去對待每一位病人，

　滿足他們前來求醫時

　所懷的希望。

　有人用手去製造毀滅，

　你們的手卻是和平的工具，

　你們用手來起死回生。

　世界和平不是靠武力取得的，

　而是靠愛。

我為你們祈禱，
願你們藉著你們的良善、
藉著你們的同情心、
藉著天主交託給你們的
治癒的能力，
在效法基督的道路上成長。
也請你們為我們祈禱，
希望我們用滿腔的愛
繼續去做天主的工作，
而不糟蹋天主的事業。

你要全心、全靈、全意地
去愛上主，你的天主。
這是我們偉大的天主的命令；
祂不可能命令我們
去做無法做到的事。

把你的目光

從自己身上移開，

並且為你的一無所有、

一文不值、一無所能而欣喜。

每當你的一無所有使你驚慌時，

給耶穌一個大大的微笑。

保有耶穌的喜樂，

並將它作為你的力量。

常保持快樂和平安，

無論祂取走任何東西，

你都要給祂一個大大的微笑，

接受一切。

六月

我覺得今天的世界顛倒了。
人人都忙得昏天黑地，
掛慮於追求更多的發展，
和更多的財富等等。
家庭生活裡的愛
變得少之又少，
因此造成不少痛苦。
我們沒空陪孩子、
沒空彼此關懷，
也沒空享受相聚的時光。
世界和平的崩潰，
就從家庭起始。

因著你對自己家裡
每一個家人的愛及對鄰人的愛，
把你的家締造成
一個富於和平、幸福
和愛的場所。

如果因為我們的疏忽和自私，
我們兄弟姊妹中有人餓死了，
那真是個羞恥。
我們什麼都有，
不愁吃、不愁穿、生活安逸，
所以我們絕不會體會到
窮人的感受。
其實愛就是
與他人分享。

從母胎中的嬰兒，
到奄奄一息的街頭流浪漢，
我們該如何強調尊重生命呢？
我們必須意識到生命的偉大。
每個孩子都是天主的禮物。
我認為重要的是意識到
我們因著更崇高的目的而受造──
去愛和被愛。
當我們摧毀了愛，
誰還會愛我們？
每一個人，無論老少，
都要懂得這個道理。
一旦了解了這點，
我們就能分享愛，
就能彼此接納；
我們會真正自由地
為了耶穌去愛。

六月四日

青年們，
請你們在今天就
立下果敢的決心，
保持我們純淨的純潔，
持守我們的貞潔，
立志守貞！
無論是在新婚當天，
或是在晉鐸或入修會當天，
你能給對方或天主最珍貴的禮物，
不外乎一顆純潔的心，
和一個純潔的身體。

當我們講論非暴力時，

我們總是會聯想到

刀槍炸彈之類殺傷性武器。

其實在我看來，

暴力是我們的態度造成的。

譬如，對別人說：

　　他們一無是處，他們懶惰，

　　他們這樣，他們那樣。

我覺得這種口吻就是

嚴重的暴力行為。

如果你我矢志向暴力說「不」，

向和平說「是」，

我們就必須從小事上開始，

以和藹親切的態度待人。

我們彼此見面時的一個微笑，

其功效勝過其他任何事物。

愛，
尤其是侍奉天主的愛，
既不是空談，
也無法用言語說明。
愛與關懷如此簡單的善行，
能使天主的慈光常燃不熄。

喜樂就是愛，
是內心燃燒著愛火的自然結果。
喜樂是種需求，
也是天生的能量。
如果我們有喜樂，
出於愛的犧牲能使
我們心中的燈長明不滅。

我們如何幫助學生們領悟
社區服務的富饒意義呢？
教導他們
要愛自己的家庭。
愛始於家庭，
有愛的地方就有平安。
那就是為什麼
全家一起祈禱很重要，
因為全家人團聚一起
才會彼此相愛。
然後在社區裡成為愛的泉源
就容易多了。

如果有人對我說，
妳要放棄妳的宗教信仰，
才可以留下來服務窮人。
那我會做什麼選擇呢？
我的信仰誰也奪不走，
因此他們無法得逞，
他們不能從我身上拿走。
信仰是屬我內在的東西。
如果沒有其他選擇，
如果那是基督藉著我的工作
進到窮人中，
帶給窮人祂的生命、祂的愛，
並吸引他們歸向祂的唯一途徑，
那麼我會留下來為他們服務。
我不會半途而廢……
我願意犧牲我的生命，
不是犧牲我的信仰。

六月十日

我們的工作不應該是膚淺的，
而應是深入的，
我們必須直達人心深處。
要到達心靈深處，
我們就必須動手做事——
愛是靠行動來印證的。
目睹比耳聞更吸引人。
如果有人願意幫忙，
就請他們來看一看，
事實比抽象的概念更具說服力。

你有沒有在自己國家中
任何慈善機構幫過忙？
如果從來沒有的話，
我覺得你不該錯失生命中
這樣的一種機會。
它會帶給你喜樂與滿足的經驗；
同時也讓你碰觸到基督，
那是他處所尋求不到的。

六月十二日

我可以肯定地說：

　　我們沒有人知道飢餓的痛苦。

但是有一天，

我從一個小女孩身上學到了。

我在街上遇到她，

從她的臉上我看到了

那受可怕的飢餓折磨所慣有的眼神。

我連問都沒問就遞給她一片麵包，

而她卻只是慢慢地舔著碎屑。

我對她說：

「把整塊吃下去。」

那小女孩抬頭看著我說：

「我怕把整塊吃完後，

　　我又開始餓了。」

從我們自己口中說出來的，
不是什麼重要的事，
然而天主對我們說的，
以及藉著我們說出來的，
才至為重要。
我們的話語除非是出自內心，
否則一無所用。
為什麼不試著約束你的舌頭？
你也許猜不出對方的承受度，
但你完全能掌握自己的分寸。

六月十四日

用無限來征服有限。

基督造你是因為祂要你。

我知道你感覺到

極度的渴望和隱晦的空虛，

但祂始終愛著你。

我不曉得你們是否

讀過這幾句話，

這些話充實了我，

又叫我倒空自己：

「我的天主，我的天主，

　　是怎麼樣的一顆心，

　　使得祢目不轉睛地去追求，

　　令祢不顧一切

　　把祢的心全部傾倒在那顆心上？」

葉門是一個伊斯蘭教國家，

我在那裡的時候，

請求一個有錢人去造一座清真寺。

我對他說：

「大家都是伊斯蘭教的兄弟姊妹，

　需要有個可以祈禱的地方，

　需要有個可以

　面見真主的地方。」

親愛的天主，
在我幫助那些有難的人時，
請助我超越我有限的視野。
我想沒有人比我
更需要天主的恩寵和助佑。
我常常感到困惑、被捨棄。
我想這正是天主用我的原因，
因為我無法將完成的事
據為自己的功勞。
反之，我需要祂
一天二十四小時的幫助。

凡事從祈禱開始。
熱愛祈禱就是
時時刻刻感到需要祈禱，
熱切祈禱毫不厭倦。
越常祈禱，
祈禱就變得更加容易。
完美的祈禱，
並非用華麗的詞藻來堆砌，
而是熱切地舉心嚮往耶穌。

六月十八日

我們常常看到一些電線，
有大的、小的、新的、舊的、
便宜的、昂貴的，
除非電流通過它，
否則它無法照明，一無所用。
你我就像電線，天主是電流。
我們能貢獻己長、讓電流通過；
或是斷然拒絕，任黑暗籠罩。

有時候愛遠方的人很容易，
想到印度飢腸轆轆的窮人
也很容易。
但是，
你必須要先看見你的家裡、
你的鄰居、你住的街巷、
你所在的城鎮裡，
已經有了愛，
然後你再去關心外面的世界。

六月二十日

如果我們充滿了罪，
天主就進不來，
因為連天主也沒有辦法
充填已經裝滿的器皿。
那就是為什麼我們需要寬恕，
要變得虛空，
然後天主就能親自來充滿我們。

我們必須始終不渝地
去從事謙卑的工作，
因為沒有其他人會去做。
沒有一件事是小事。
由於我們自己太渺小，
因此也用狹小的目光
去看事情。
即使我們替人做了一件小事，
在全能的天主眼裡，
那卻是一件大事。
世界上有數不清的人有能力
做一番轟轟烈烈的大事業；
然而願意埋頭做微不足道小事的人
卻少之又少。

六月廿二日

對窮人的愛德
像一把燃燒著的明火，
柴越乾，火燒得越旺。
你在服務窮人時，
不要光用手，
更要投入你的心。
愛德要富有成效，
必須付出代價，
要給到心痛為止。
愛，就必須付出，
付出，就必須棄絕自私自利。

我永遠不會忘記，上一次去南美洲

訪問委內瑞拉※的情形。

有個富裕的家庭捐給我們一塊地，

為建造一座兒童之家，

所以我登門去致謝。

我非常驚訝地發現，

他們的大兒子有嚴重殘疾。

於是我問女主人：

「這孩子叫什麼名字？」

母親回答說：

「我們稱他『愛的教授』，

　因為他每時每刻都在教導我們

　如何在行為中表達愛。」

母親臉上掛著美麗的微笑。

那孩子有著嚴重的殘疾，

連臉也畸形，

但他的家人卻驕傲地稱他為

「愛的教授」！

六月廿四日

※1965年，仁愛傳教會獲教宗保祿六世准為宗座修會，允許她們的修
　女在印度之外開展傳教服務活動。德蕾莎修女受委內瑞拉總主教的邀
　請，在當地建立了第一座海外會院。

我不要你捐錢。
我希望你
從直接的接觸中去了解窮人。
他們需要的是實際行動，
而不是口頭說說而已。
我的任務不是評估現有體系，
無論是經濟、社會、政治架構
或是意識形態。
每個人都要跟隨自己的良心走。

我做事不喜歡講求數目，
對我們來說，重要的是個人。
要去愛一個人，
就要和他有密切的接觸。
如果我們要等到
湊足某個數目再行動的話，
那麼就會迷失在這些數字上，
我們便無法
向對方表達愛和尊重。
我相信人對人的直接方式；
每個人對我來說都是基督，
因為世界上只有一個耶穌，
所以在世上，在那一刻，
那個人就是祂。

成聖並非是少數人的奢侈品，
而是你我的簡單任務。
我必須走我自己成聖的路，
而你要走你的。
關懷是走成聖之路的第一步。
如果你學會關懷的藝術，
你就會越來越相似基督，
因為祂有一顆溫良的心，
祂總是替別人著想。

我們需要去找尋天主，
但不可能在嘈雜
和忙亂中找到天主。
天主是靜默的朋友——
看看自然界，
花草樹木完全在靜默中生長；
看看宇宙太空，
日月星辰統統在靜默中移動。
在靜默的祈禱中得到越多，
便越能在實際生活中付出。

六月廿八日

我們不能不知道：

　尋求寬恕，

　首先要寬恕他人。

如果北愛爾蘭

和其他地區的人民

能夠學會這一點，

和平自然會來到他們中間。

把愛分享給祂的窮人，

使我們彼此關係更為緊密，

並且使我們與窮人更接近；

如此一來我們就更了解他們。

這種認知引領我們

去愛、去犧牲、

親自去為我們的近人服務。

因此不管男女老幼、貧富貴賤，

我向你們每個人呼籲：

　　伸出雙手，

　　去服務窮人身上的基督；

　　敞開心門，

　　去熱愛窮人中的祂。

七月

你要盡力在天主的臨在中行走。

要在每個人身上看到天主，

你早晨的默想

要貫穿你一整天的生活。

見人要微笑，

這不常是一件容易的事。

有時我們發現，

要對某人微笑很難，

那時我們就該為此祈禱了。

替一位盲人寫信，
或是坐下來聽別人說話，
或是幫人投遞信件，
或是探訪某人，
或是給某人帶束花，
或是替人洗衣服、打掃房子。
這些都是微不足道的小事，
但在天主的眼裡，
每一件都是了不起的。

我的目標是透過慈善工作，
使人們更接近天主。
信仰是天主的禮物，
信仰是每個靈魂要單獨
面對的問題。
每個人可以自由決定
接受或拒絕這份禮物。
取捨的行為構成皈依的基礎。
因此皈依是
天主在人的靈魂內工作，
那不是我能力所及的事。

我還記得我的父母親
每天晚上
帶領我們一起祈禱的情形。
那是天主給一個家庭
最大的禮物。
祈禱使家庭團結。
我們要重新拾起家庭祈禱，
教你的孩子如何祈禱，
並與他們一起祈禱。
你會在祈禱中聆聽到
天主要你做什麼。

七月四日

把愛付諸行動。

愛的工作就是和平的工作。

我們要以更大的愛、更具效率地

來從事這項工作，

在你我的工作中、

在日常生活中、

在家裡、在與近人的相處中，

作個快樂、平安的人。

無論天主給你什麼，

或是從你那裡拿走什麼，

都要欣然接受。

我們不應當認為
我們當中的某人是不可或缺的。
天主有祂的路和方法。
祂可以讓一個聰明能幹的人，
手中的每樁事統統與願相違。
除非與愛交織在一起，
任何事業都是無用的。
天主不會問一個人讀過幾本書，
而是問他是否盡力去愛祂。

七月六日

假設一個人很有錢，

但沒有人去探視他；

他有非常多的事情要處理，

多到喘不過氣來，

卻沒有精神上的慰藉，

那麼，他需要你的觸摸。

有次我走在街上，一個人走過來問我：

「妳是德蕾莎修女嗎？」

我回答說：是的。

「請妳趕快派一位修女到我們家。

　我眼睛快瞎了，

　我太太精神又不大正常，

　我們非常渴望聽到一點人的聲音。」

於是我派了幾位修女前去，

她們發現那人說的全是真的。

他們樣樣都有，卻像是一無所有。

他們的兒女和他們不親，

他們現在已不被需要、沒有用，

也可以這麼說，沒有價值了，

所以他們快死於全然的孤寂了。

我認為我們必須在家裡
就教導孩子們如何彼此相愛。
當他們目睹父母彼此相愛時，
他們就會從父母那裡學會這道理。

有次我在迦薩走廊過境停留時，
邊防站有人問我：
有沒有攜帶任何武器？
我脫口而出：
「噢，有啊，我的祈禱書！」

我希望你們

先在自己的家裡發現到窮人。

你要先作你自己家人的福音。

在心情不佳時，

我們在外面時常能保有笑容；

但一回到家裡，

就顯得一副悶悶不樂的樣子。

一位婦女抱著她
十個星期大的嬰兒來見我。
那孩子是唐氏兒，
過幾天就要接受心臟手術。
那母親淚流滿面，
央求我為孩子能存活祈禱。
我對那母親說：
「天主已經給了妳這個孩子，
　他的生命是件了不起的禮物。
　如果祂要妳把禮物還給祂，
　妳也應該心甘情願地
　帶著愛欣然交還這個禮物。」

喜樂是祈禱，
喜樂是力量，
喜樂是愛。
喜樂是愛之網，
能網羅人的靈魂。
誰帶著喜樂的心施予，
誰就會得到最多的回報。
感謝天主和別人的最佳途徑是
愉快地接受每一件事物。

前些時候，

有個父親帶著一張處方箋來到我們總院。

他的獨子生命垂危，

他請我幫他取得醫生開的藥。

就在那時，

有人提著滿滿一籃子

他蒐集的有用藥品進來。

放在籃子最上面的

正好是那個父親在找的藥。

若是那藥被壓在下面，我就不會看到了。

世界上有成千上萬個孩子，

我卻目睹天主眷顧了

加爾各答貧民窟中的那個孩子，

給他送來了他急需的藥。

這真是天主的溫柔與慈愛，

也是愛的信賴——

信賴天主的照顧。

一心追求財富，
常是為了奢侈享受的物慾；
不僅讓需求難以遏止，
更使我們慾壑難填。
有錢不是罪過；
但當金錢引發貪婪時，
罪就產生了。
財富是天主給予的，
我們有責任與貧困的人分享。

我們要把愛和憐憫帶給
那些需要的人，
與他們一同分享。
他們不需要可憐和同情，
相反的，他們能使你富有。
就像我們修女和我
從我們服務的人們那裡經歷到
愛的富饒，
不論他們是誰、
來自什麼背景，
都毫無差別。
他們都是我們的兄弟姊妹，
他們屬於我們，
我們也屬於他們。
我們全是天主的子女，
由同一雙愛的手，
照著祂的肖像而受造。

信仰不是你我可以干預的。

信仰是對上主的崇拜，

因此是屬於良心的事。

你我必須獨自決定、

去選擇自己的宗教信仰。

以我自己為例，

我的信仰是天主教；

為我來說，

這信仰是我的生命、我的喜樂，

是天主在祂的愛中給我的

最大的禮物。

祂無法給我比信仰更好的禮物了！

七月十六日

我非常愛我所服務的窮人，
我對他們的愛甚至
超越了對我自己的愛。
自然而然的，我希望能把
我從信仰的寶藏中所得到的喜樂
給予他們，
但我知道那不是我可以給的，
我也不可以強迫他人。
同樣的，
如果我選擇一個能給我
平安、喜樂和愛的宗教，
沒有任何人、
沒有任何法律、
沒有任何政府
可以阻止或強迫我。

我們在加爾各答的妥萊貢吉俱樂部、

一個孩子們的聚會上

慶祝了修會的銀慶紀念，

孩子們不停地用手輕撫草坪上

芬芳肥厚的綠草，

他們從來沒見過這種草地，

於是他們驚奇地問我──

是什麼使得青草的葉片

長得如此強壯有韌性。

每個孩子都分到一袋點心，

裡面有蛋糕、麵包、糖果和水果等。

但我注意到很多孩子把一種

甜點放進嘴裡後就不再吃了。

我不解地問他們為什麼，

他們說，他們要帶回家，

與家裡的兄弟姊妹共享。

我常常聽到有人問，

德蕾莎修女後繼有人嗎？

那是多餘的顧慮。

天主自會找到一位更謙卑、

更聽命、更忠信的人，

祂將藉著她[※]成就更偉大的事業。

所有仁愛傳教會的修女以及

在世界各地的同工們要做到：

無論他們身處何方，

他們都能微笑著在每個地方、

每個人身上遇見天主。

※1997年3月13日，仁愛傳教會全體大會推選出尼瑪拉（Sister
　Nirmala）修女繼任德蕾莎修女的總會長一職，任期六年。尼瑪拉修
　女原籍尼泊爾，1934年出生於一印度教的軍人家庭，後皈依天主教，
　廿四歲入會前曾作過律師。德蕾莎修女於1965年派她去委內瑞拉領導
　修會第一個海外傳教點，她在1975年創立並開始領導修會的默觀分
　會。

熱愛祈禱吧！
時時刻刻感到需要祈禱，
熱切祈禱毫不厭倦。
天主不斷地向我們發言，
我們要留神聆聽。
祂向我們要的是
深刻的愛、憐憫和寬恕。

七月二十日

難民營中的景象慘不忍睹，
那裡好比一座大加爾瓦略山，
基督在上面再度被釘。
各方的援助是很急需的，
然而除非有寬恕，
否則和平仍是一句空談。

對南斯拉夫的問題，

我們的使命不是政治性的，

而是愛的使命。

真理是：

　仇恨解決不了事情。

我們的訊息是：

　和平與修好。

它的反面是衝突，

那只會造成飢餓、

痛苦、忿怒和漫天的仇恨。

七月廿二日

如果在談判桌上不允許

愛與和平的應有地位，

仇恨與忿怒就會衍生出

綿延不休的爭端。

那不能解決任何問題，

反而會讓千萬個無辜者喪生。

我請你們所有的人

為和平祈禱，

這是一項迫在眉睫的首要任務。

我們失足跌倒時，
只要向天主呼求，
天主就會給我們
指出明路。

七月廿四日

每天清晨四點半，
我和我的修女們用這句話
向上主及彼此請安：
「請眾讚美上主，
　感謝天主。」
我們應該常常笑臉相迎，
因為微笑是愛的開端。

未來並不握在我們手裡。

我們沒有能力掌管未來。

我們只有今朝

去達成我們的任務。

我們修會的會憲中

有這樣一句：

「我們讓好天主去規劃未來，

　因為昨天已經過去，

　明天尚未到來，

　我們只有今天可以引導人們

　認識祂、愛祂、為祂服務。」

所以我們不為未來擔憂。

我們加給窮人們最大的不公義，
就是將他們視為一文不值；
我們忘記以尊敬的態度、
以天主子女的尊嚴對待他們。
人們忘記了什麼是人性的接觸，
什麼是微笑，
沒有人向他們微笑，
沒有人認出他們的存在，
沒有人愛他們。
被遺棄是很淒慘的事。

要變得驕傲、尖酸刻薄、自私，
真是很容易。
但我們是為了更好的目的而受造。
我們每個人都具有豐富的善，
也具有許多的惡。
別以人的成功為耀，
卻要把所有的功勞全都歸於天主。

人們為什麼要來印度呢？
因為他們相信在印度，
能從我們這裡找到
他們想要的豐富靈修。
他們中有很多人
前來我們修會幫忙，
到垂死者之家去服務。
其中有不少人
迷失了方向，
因此有人悉心引導他們
是非常重要的。
為什麼有的人只是為了看風景
而勞神去環遊世界呢？
重點不是在這問題上，
而是有更深一層的意義。
人們真的渴望天主，
這種渴求有時表現在旅行上。

有個在巴黎讀大學的女孩子

來到我們這裡，

臨行前她對父母親說：

「在期末考之前，

　我想去德蕾莎修女那裡幫忙幾天。」

於是她來到加爾各答。

我見到她時，

她滿臉倦容，眼睛裡沒有一絲笑意。

我建議她加入我們每天的朝拜聖體，

並且按時去垂死者之家。

然後有一天，

在十次或十二次走訪了垂死者之家後，

她突然來看我，

雙臂摟著我的脖子歡呼說：

「德蕾莎姆姆，我找到耶穌了！」

我問她：「妳在哪裡找到耶穌的？」

她答說：「在垂死者之家。」

她充滿了喜悅和笑容。

七月三十日

我想到你們和你們的家庭，
我這樣為你們每一位祈禱：
　　上主，
　　求祢使他們在祢的聖愛中
　　彼此保持忠信，
　　不要讓任何人或任何事
　　拆散祢對他們的愛
　　和他們彼此的愛。
　　讓孩子——祢賜給每個家庭的禮物，
　　成為家庭中的愛、團結、喜樂
　　以及和平的聯繫。
　　阿們。

八月

天主是喜樂，
喜樂是祈禱。
喜樂是慷慨的標記。
當你內心充滿喜樂，
你便會衝勁十足，時時想做好事。
喜樂也是與天主共融以及
天主臨在的記號。

小孩子沒有去愛的

困難和障礙。

那就是為什麼耶穌會說：

「除非你們像小孩子一樣，

　否則你們無法進入天國。」

家庭生活是最自然的一件事。
家人之間彼此
讓步、順從和接納，
滋養著家庭生活，
也凝聚家庭。

如果父母自己
不彼此順從和讓步，
就很難要求孩子
順服他們。
我們抱怨現今的家庭生活
問題重重，
我認為原因在於父母。

八月四日

看到那麼多孩子在吸毒，
我很驚訝。
我試著去找原因，
結果發現：家裡無人接納他們。
孩子們每件事都要仰賴我們：
他們的健康、營養、
使命感、安全感
以及他們對天主的認知和愛。
在所有這些事上，
他們信賴、盼望並期待我們。
我們所談論對孩子的愛，
正是愛與和平的出發點。

有一次我收留了一個孩子，

把他帶到我們的兒童之家，

幫他洗澡、換上乾淨的衣服。

第二天他逃走了。

有人看到他，把他帶回來，

但他又再逃走了。

於是我對修女們說：

「請妳們跟著他，看看他跑到哪裡去。」

他第三次逃跑時，

一直跑到一顆大樹下，

而孩子的媽媽正用個小陶器

架在兩塊石頭上，

煮一些她從垃圾堆撿來的東西。

修女們問小男孩：

「你為什麼要逃離兒童之家呢？」

他回答說：

「這裡才是我的家，

　因為我的媽媽在這裡。」

母親在那裡，家就在那裡。

八月六日

靜默是祈禱的美好果實。
我們不但要學習
口唇的靜默，
更要學習
心、眼、耳、意念的靜默。
我稱這為「五靜默」。
扳起你的五隻手指，
將它一一銘記在心。

不必把真愛想得有多特別。
試想一盞油燈如何燃燒，
不就是靠著油滴不斷耗盡自己。
因此我們需要在我們的愛中
注入對祂持續的愛。
如果油燈裡不再有這些油滴，
也就不再有亮光。

八月八日

我們油燈裡的油滴是什麼呢？
是生活中微不足道的小事：
　　忠誠盡職、說幾句好話、
　　多替別人設想、
　　默默做些
　　看、思、言及行為上的小善行。

我總是說自己是
天主手中的一枝小鉛筆。
是祂在想，是祂在寫。
天主做每一件事情，
有時相當費力，因為
這枝鉛筆很鈍，
祂不得不把它削尖一點。
作天主手中的小工具吧！
那樣祂可以隨時隨地使用你。
我們唯一要做的就是
向祂說：「我願意。」

八月十日

有一次，
一個跨國公司的總裁來看我，
有意要捐出孟買的一塊地，
不過他先問我：
「姆姆，妳是如何規劃妳們的預算？」
我反問他，是誰派他來的。
他回答說：
「我內心有股力量推動我。」
我說：「有些像你這樣的人來看過我，
　　他們也問同樣的問題。
　　很顯然是天主派了你們來，
　　正如祂派了王先生、陳太太、
　　黃小姐前來。
　　你們全來提供給我們
　　工作所需的物質援助。
　　天主的恩寵打動了你們。
　　你們就是我的預算。
　　正如耶穌許諾的，
　　天主時刻看顧我們的需求。」
我收下了他捐贈的地，
並且把那塊地命名為
「希望的禮物」。

我把紐曼樞機的一段禱文

我把紐曼樞機[※]的一段禱文

送給了印度總理，

他說，這篇禱文

在他緊張和困難關頭

給了他很大的慰藉。

「親愛的耶穌，

　無論我走到哪裡，

　請幫助我散播祢的芳香。

　將祢的生命和精神注入我的靈魂，

　滲透並占有我整個人，

　使我的生命成為祢生命中的一道光芒。

　願祢的光照穿我，

　使我在與其他人接觸時

　感受到祢臨在於我的靈魂中。

　讓他們將目光轉離我，

　而只專注地注視祢。」

八月十二日

※若望・亨利・紐曼樞機（1801-1890年），十九世紀偉大的神學家。受教父神學的薰陶，早年曾是英國國教內「牛津運動」的推手。1845年皈依羅馬天主教，1849年在羅馬被祝聖為神父，1879年被擢升為樞機主教。

紐曼樞機的另一篇禱文是：

「上主，

請祢與我同在，

我願像祢一樣去照耀他人，

成為別人的光明。

耶穌亮光！

所有的光都是祢的，

沒有任何一束屬於我；

是祢藉著我照耀了他人。

讓我以祢最喜愛的方式──

照耀我周遭的人

來讚美祢。

讓我避免以說教的方式傳揚祢，

不用言語，

而是以身作則；

用吸引力，也就是

我行為的感染力

和我心中對祢顯著的愛來傳揚祢。

阿們。」

要想面見天主，
你必須有
一顆完全純潔無瑕與自由的心。
天主在我們靜默的心中
向我們發言，
如果我們無法在心裡
聽到祂的聲音，
我們就無法祈禱，
我們也無法在行動中
表達我們的愛。

八月十四日

致獅子會、扶輪社、
哥倫布騎士會以及其他
贈予鉅額支票的恩人們：
　　我希望你們慷慨解囊捐給
　　我們修會的錢，
　　不是出自你們的盈餘，
　　而是出於你們對天主的愛
　　所作的犧牲。
　　你們給予的必須是
　　你們依戀不捨的，
　　放下你們所喜愛的一切，
　　這樣，那些連起碼的生活需求
　　也被剝奪了的窮人，
　　將成為你們真正的弟兄。

讓我們一起來籌集
愛和善、理解以及和平，
先從我們的近人做起，
然後再往外傳開。
有時人們以為
我們所做的事不算犧牲，
只不過在籌集資金，
所以我們要捍衛這項工作和使命。

你們是一個富庶的國家，
但我也看到有人爛醉在街頭，
而沒有一個人去理睬他；
沒有人視他如兄弟，
沒有人試著去
幫他恢復人性的尊嚴，
幫他回想起他是
我們的兄弟，是天主的子女。

各式各樣的疾病都有
藥物和療法可以克勝。
但是遭遺棄這種可怕的病，
除非有人願意伸出援手、
掏出愛心，
否則無藥可醫。

八月十八日

「有」多少可以付出並不重要，
但我們一無所有時，
卻能得到更豐富的生命。
把你的目光從自身移開，
為你的一無所有、一文不值
和一事無成而歡欣。
每當你的「無」使你害怕時，
就向耶穌獻上一個
大大的微笑。

我們都在講論
衣索比亞的恐怖饑荒，
其實世界上還有許多地方，
成千上萬個人只為了
一片麵包和一杯水，
面臨死亡的威脅。
不少人死在我的臂彎裡。
然而我們卻忘記問：
　為什麼死的是他們，
　而不是我們？

八月二十日

有個婦女的臉和腿

被老鼠啃食，

要是我看到她、聞到她，

卻無動於衷地走過去，

我今天就稱不上是位

仁愛傳教會的修女。

我掉頭回去，

把她抱到附近的一家醫院。

如果我不這麼做，

我們的修會早就不存在了。

反感乃人之常情，

不過如果在主耶穌痛苦的掩飾中，

我能夠認出祂的臉，

我就是聖人了。

每個孩子都是照天主的肖像，
因著更崇高的目的而被造的，
為了去愛和被愛。
那就是為什麼人們必須事先決定
是否真的想要孩子。
一旦受孕，
生命就形成了，
那生命是屬於天主的。
那胎兒有活下來和被哺育的權利。
墮胎同時毀了兩個生命，
孩子的性命和母親的良知。
難道那不是天主的孩子嗎？
就像你和我，
是為了更崇高的目的而受造。

八月廿二日

有一次，一群學生遠道而來，
他們都是學校比賽中
頭等獎和二等獎的獲勝者。
他們一致向校長提出要求：
　不發獎品，改發獎金。
於是校長將獎金裝在信封裡，
給了這些學生。
那時他們異口同聲地說：
「請帶我們去見德蕾莎修女，
　我們要把這些錢送給
　她的窮人們。」
看，他們放棄了花錢的機會，
而做了一樁了不起的事。

致我的修女們：

　　手執教鞭坐在講台後面

　　發號司令的方式，

　　與我們的工作背道而馳。

　　我們的孩子空著肚子來到，

　　所以不要浪費他們的時間。

　　他們當然要學點東西，

　　但先要讓他們快樂。

　　他們受了很多苦，

　　因此我們不應該將他們

　　視為一般的學齡兒童。

　　很多來我們這裡的孩子們

　　等到下午三點才吃第一餐，

　　那樣他們可以省掉晚餐，

　　因為他們家裡無法供應。

　　有時我們不知孩子的情況，

　　就草率地說出傷害他們的話，

　　那些孩子從此就不來了。

　　他們原本希望在我們學校得到的

　　一絲慰藉也被回絕了。

我發覺自己常常寫個不停，
筆用得很快。
當墨跡開始變淡時，
院長修女會把
一枝新筆塞到我的手裡，
而我總是還給她，
因為凡是取用東西，
我都習慣先請求准許。
我會說：
「我可否取用？」

除非我們的生命

充滿了對天主的愛；

除非我們有純潔的心，

否則無法與人分享。

耶穌說：

「心靈潔淨的人是有福的，

　因為他們要看見天主。」

我們若是在彼此之間

看不到天主，

我們就很難去愛。

由於愛始於家庭，

我們必須在家裡就彼此相愛。

加爾各答有個小男孩，
每逢他過生日，
他的父母親就會為他
買一大堆的生日禮物，
並舉辦盛大的生日派對。
有一年生日，
他向父母提出要求：
　　把準備用來慶生的錢，
　　全數交給德蕾莎姆姆。
於是在生日那天上午，
父母開車送他來我們的修院，
他把那裝著錢的信封交給了我。
那個小男孩
給他的父母上了一課，
愛就要付諸行動。

對我最吃力的一件事就是旅行，
尤其是我走到哪裡
都是公眾人物。
我對耶穌說：
　若找不到讓我上天堂的理由，
　光是我這些旅行
　和知名度就足夠了。
　因為所有這些活動都讓我
　做了很多的犧牲，
　也淨化了我，
　使我準備好進天堂。

八月廿八日

心懷慈悲，
保護別人的名聲，
就像給赤身露體的耶穌
披上衣服。
把你的家締造成一個
充滿和平、喜樂和愛的家，
悉心關愛家裡的每一個人
以及你隔壁的鄰居，
就是給無家可歸的基督
一個家。

致家長們：

　在家裡父母親如何彼此相愛

　對孩子有深遠的影響，

　他們是從你們身上學到愛的，

　而不是從學校裡或老師身上。

　因此與孩子分享開懷的喜樂

　至關重要。

　家人相處難免會有誤會產生；

　家家都有各自的十字架與痛苦。

　然而我們卻要帶著微笑，

　率先去寬恕，並時常歡欣喜悅。

世界各地的人
都在渴求天主的愛。
你們的方法是傳播和平與愛；
而我們的方法是
藉著行動把愛實現出來，
服務病人、遭遺棄的人，
以及瀕死的人。
讓我們彼此代禱、真誠互助，
那麼我們將可征服世界，
並且把這一訊息傳達給全人類——
天主是愛，
祂愛我們每一個人，
一如我們彼此相愛。

九月

有一天我收到了十五塊錢，
那是一位癱瘓臥床
長達二十年的病人寄來的。
他唯一能動的部位是右手，
他生活中唯一的嗜好是抽煙。
他對我說：
「我戒了一星期的煙，
　把省下的錢寄給妳。」
這對他必定是個莫大的犧牲，
他與人分享的心真是美麗。
我用這十五塊錢買了麵包送給窮人。
他付出，別人受益，
雙方都感到喜樂無比。

作個良善仁慈的人。

讓任何有求於你的人

心滿意足、高高興興地離去。

作個天主仁慈的活見證：

　仁慈的面容、

　仁慈的眼神、

　仁慈的微笑、

　仁慈的問候。

無論是孩子、窮人，

還是受苦孤單的人，

永遠對他們笑臉相迎。

對他們不但給予你的關懷，

更要獻出你的心。

人的生命是
天主臨在世界的美麗見證。
核子彈的發明引起了恐慌，
以及國際間的不信任和猜忌，
因為核子彈又是
一種大規模摧殘人類生命的武器。
怎樣才能建立和平呢？
只要我們彼此相愛。
爭權奪利的人不懂得愛，
然而單單是愛，就能使家庭、社會
以至全球建立和平。

致大學生們：

　教宗碧岳十二世※曾高瞻遠矚地指出，

　未來社會發展的方向，

　取決於當代大學生的心智。

　這是請你們體認，

　你們今天身為高等學府的學生

　所享有的特權和肩負的責任。

　大學提供你們一整套優秀的方法，

　給你們完整的培育；

　但你們不該只為自己著想，

　因為天主召叫你們去建設社會。

　作為大學生，

　你們有充分的自主權，

　這表示你們要好好學會

　求知與感激。

※1876-1958年，1939年當選教宗。

我們要有能力去辨別
自我認識與罪的差別。
自我認識可以幫助一個人
追求上進，
而罪則導致人
重蹈覆轍、不能自拔。
自我認識使人完全信賴天主。
因此你要轉向耶穌，
求祂在你軟弱的時候扶持你。
但如果你自以為很強壯，
你就不會覺得需要天主。

有個富人來看我，
說他願意捐出他所積蓄的
一部分財產，
例如房子、汽車等。
我向他建議說：

　　你下次去店裡購買西裝
　　或是別的衣服時，
　　不要買最貴的，而是買次等的，
　　然後把省下的錢用在有急需的人身上，
　　當然用在窮人身上更好。

我剛說完，
他臉上就顯出詫異的神情，
驚呼道：
「哦！姆姆，就這麼簡單？
　我怎麼從來沒有想到過。」
他離開時，看起來非常快活，
他滿心喜樂地在想如何去幫助別人。

九月六日

天主在哪裡？

我們相信祂無所不在，

因為祂是創造宇宙萬物的主宰。

用我的肉眼來看，祂在哪裡？

為了使我能親眼看到祂的容貌，

天主喬裝成

飢腸轆轆的人、

赤身露體的人、

無家可歸的人、

孤苦伶仃的人，

然後祂說：

「不論你為我最小的兄弟做什麼，

　都是為我做。」

甘地說過：

「服侍窮人就是服侍上主。」

致我的同工們：

　　你們要不斷地把耶穌

　　帶給你們周遭的人，

　　不要單靠言語，

　　而是要用你們的榜樣，

　　用你們同耶穌在一起的愛。

　　無論你們到何處，

　　都要散發祂的神聖

　　和祂愛的芳香。

　　保有耶穌的喜樂，

　　把這喜樂當作你的力量，

　　作個快樂又平安的人。

　　你們是屬於祂的，

　　告訴祂：

　　「我屬於祢，

　　　就算祢將我剁成一塊塊，

　　　每一塊也唯祢是屬。」

是什麼讓我萌發了
為窮人服務的念頭呢？
又是什麼使我數十年來
勤而不輟呢？
是耶穌。
我們一切都是為耶穌做的。
我全心信賴耶穌說的話，
祂從未讓我失望過。
祂說：「你們求，就會得到。」
因此我向祂求。
凡光榮祂的事，
祂都會促成；
不然的話，
我們什麼也不要指望。
天主知道什麼對我們最有益處。

多年前在搭火車

往大吉嶺的途中，

我聽到了天主的聲音。

我確定那是天主的聲音。

我深信祂在召叫我。

這訊息非常的清晰──

我必須離開修院去幫助窮人，

並生活在他們中間。

這是一個命令，明確地指示我該做的事，

那是天主對我的召叫。

重要的是祂用不同的方式

召叫我們每一個人。

在那些艱苦的時日，

我相信是天主在做工，

而不是我；

即使在今天

我仍然堅信著，

那是天主的工作，

我知道

世界會因著這項工作受益。

知識的擴充並不會削弱我們的信德，

它反而讓我們看到

天主創世的偉大精深。

但我們仍有許多事還不懂。

在聖奧思定※的生命中

發生過這樣一件奇妙的事：

他努力想要了解天主、天主聖三的道理

和天主創世的規模，

但以他人性的智慧，實在無法明瞭這一切。

這時他碰見一個小男孩，

他正往海邊沙地上的一個坑裡灌水。

聖奧思定問他在做什麼，

男孩回答說：

「我想要用水灌滿這個坑。」

聖奧斯定說：

「這是不可能的。」

這位原來是天使化身的小男孩回答說：

「其實，把整個海洋倒入這個坑裡，

　也遠比你想洞察天主的奧祕

　容易得多。」

※聖奧思定（354-430年），生於北非，年輕時荒淫度日，因母親（聖莫尼加）的熱切祈禱而皈依教會，《懺悔錄》和《天主之城》為極負盛名的代表作。

有一天我正忙著工作，

一位修女進來說：

「有個觀光客想要見妳；

　他前些日子已經來過了。」

我說：「先叫他去卡俐閣幫忙。」

修女答說，

那人昨天已經去過了。

我說：

「很好啊！他今天可以再去；

　窮人們仍在那裡。」

許多人非常掛慮
印度與非洲的孩子們，
因為那裡有不少孩子死於飢餓。
還有許多人
也為美國這個大國家裡的
暴力現象感到憂心忡忡。
這些關心是很好的，
可是同樣這批人對
千百萬作母親的蓄意殺害腹中的胎兒
卻置若罔聞。
墮胎對今天的和平
具有非常強大的摧毀力，
墮胎也蒙蔽了
人們的良知。

對窮人以及生活困苦的人
噓寒問暖，
不僅僅是政府的責任，
也是每個人的責任。
人人都應該關懷
兄弟姊妹的需求。

九月十四日

從智識上知道貧窮的問題，
不等於就理解了貧窮。
我們並非靠讀幾本書、
在貧民窟裡走一圈、
欽佩一番或悲嘆一番，
然後就了解貧窮，
或是發現了它的正反面因素。
要真正理解貧窮，
我們必須潛入貧窮，
與窮人同甘共苦。

致我的幫手和志工們：

　你要到卡俐閣垂死者之家，

　在直接接觸中認識需要你幫助的人。

　不要指望從書本裡學，

　而是在艱難混亂的實際生活裡，

　從真實的百姓身上去學，

　那種環境你將永遠無法忘懷。

有天晚上在倫敦，

我和其他修女去拜訪家庭。

我們在街頭看到

一個長髮少年與其他人坐在一起。

我對他說：「你不該在這裡，

　　你應該和你的父母在一起，

　　這場所不適合你。」

這位少年說：「我的母親不要我了。

　　每次我回家，她就把我攆出來，

　　因為她受不了我蓄髮。」

我們走了。

回途中再度遇到他，

只見他平躺在地上，

顯然吸毒過了量。

我們不得不把他送進醫院。

我幫不上忙，但我深思：

　　他是個渴望家庭溫暖的少年，

　　而他的母親卻沒時間管他。

　　這是極大的貧窮。

你我應該從家裡開始，

把世界建設成更好的世界。

如果你沒經驗，
就開口問。
這沒有什麼不好意思的，
千萬不要不懂還裝懂。

人間痛苦越來越多，也越來越深，
難民的遭遇尤其可憐。
他們的痛苦是雙重的──
不但要承受饑荒、迫害、
戰爭和自然災害，
而且還因可怕的處境被迫不斷地遷徙。
沒有一處是他們真正的家，
也很少有人願意幫助他們，
傾聽他們哭訴。

我們每個人在天主眼裡
都是獨特的受造物，
每個人都是獨一無二的。
在基督內我們都是兄弟姊妹。
我們必須照顧所有受苦的人，
並聽見上主對我們說：
「我曾是個難民，
　你給了我一個家。」

九月二十日

每個宗教都相信永生——
另一個生命。
現世生命並不是終結，
認為那是生命終結的人很怕死。
如果有人向他們好好解釋：
　　死亡並非一了百了，
　　而是回歸天鄉。
他們就不會怕死了。

在阿迪斯阿貝巴[※]，
衣索比亞的司法部長對我
提出了一連串的盤問：
「妳打算向我們政府提出什麼要求？」
「沒有任何要求。
　我來的目的是要讓我的修女們
　在受苦的窮人中服務。」
「妳的修女們會做什麼？」
「我們全心全意為貧窮中
　最貧窮者提供免費服務。」
「修女們具備什麼條件做這些事？」
「我們是要把溫柔的愛和憐憫
　帶給那些遭遺棄、沒有人愛的人。」
「妳是否打算向那些人傳教，
　試圖使他們皈依？」
「我們的愛心工作
　自會向那些受苦的窮人們揭示
　天主對他們的愛。」

九月廿二日

※衣索比亞的首都。

世界上最嚴重的貧窮
不是欠缺食物，
而是缺乏愛。
有些人不滿足於
他們所擁有的一切，
他們不知道如何去承受痛苦，
因此跌入絕望的深淵裡。
這種心靈上的貧窮常常是
難以消除和克勝的。

天主造了我們去愛和被愛，
這是祈禱的開端——
認識祂愛我，
我是因著更偉大的目的而被造。

真愛必定始於祈禱，
與天主共融。
如果我們祈禱，
我們就能去愛；
如果我們去愛，
我們就能去服務。
因此我們要保證
會全心地去愛窮人，
因為他們也是
因著更崇高的目的而被造的。

紐約的庫克樞機※曾主動向我提議：
他每月定期捐五百美元給我們
每一位在紐約哈林區服務的修女。
我朝他開玩笑說：
「你不怕天主在紐約破產嗎？」
「上主是我們的司庫，
　我們有什麼好擔憂的呢？」

※庫克樞機（Cardinal Cooke，1921-1983年）於1971年邀請德蕾莎修女
　去紐約，從此開始了仁愛傳教會在北美服務的里程。

孩子們期待有人接納他們、

愛他們、稱讚他們，

為他們感到驕傲。

讓我們把關懷和照顧的焦點

再度集中到我們的孩子身上。

這是世界唯一能存活的路，

因為孩子們是未來

唯一的希望。

老一輩的人蒙主恩召後，

只有他們的孩子能夠接替

他們的位置。

請與我一起為家庭祈禱：

 天上的父，

 祢給了我們納匝肋聖家的典範。

 慈愛的父啊！

 請幫助我們，把我們的家庭

 締造成另一個納匝肋，

 讓愛、和平及喜樂布滿我們的家，

 使家庭生活成為深度默觀、

 感恩祭和充滿生氣的喜樂。

 幫助我們透過家庭祈禱

 同憂共喜。

 教導我們在家人身上，

 尤其從他們苦惱的外表

 看到耶穌。

祈禱的果實是一顆純潔的心，
有顆純潔的心就可以
自由地去愛。
愛的果實是——
和平、團結、喜樂。

讓身強體壯的年輕人不勞而獲，
是一件有害無益的事。
那樣做等於
鼓勵他們凡事開口要。
不要讓他們養成依賴的習慣。
我們要教他們自食其力——
學編織、打字、做衣服等等。
我們還要教導他們愛家惜家，
使家庭小而美。

九月三十日

十月

愛是一種四季皆宜，
唾手可得的果子，
任誰都可以無限量地採摘。
每個人都能藉著
默想、祈禱及犧牲的精神
得到這種愛。

天主並不要求我們事事成功，

祂要求我們的是忠信。

不論我們的工作何其出色，

我們千萬不要留戀。

隨時準備好心安理得地

揮手告別。

今天我們目睹了
世界上越來越多的痛苦
都是源於家庭。
今天我們常常忙到無法
正眼看對方、
講上幾句話、一起享受樂趣，
更不用提子女對父母的需求，
以及夫妻之間的期盼了。
總之，我們在家的時間越來越少，
彼此之間的接觸也越來越少。

財富和金錢並不會使人奢華——
當我們依附於金錢財富時，
才會奢華。
天主賜給我們的東西，
是要我們去分享，
而不是據為己有。
我們越是學著去分享，
就越能彼此認識，
彼此相愛。
如果我們彼此相愛，
我們就會與人分享
我們所擁有的喜樂。

十月
四日

我永遠忘不了有天晚上，
一位老先生來到我們的會院，
告訴我們一家有八個孩子的家庭
已經好幾天沒東西吃了，
希望我們能接濟他們。
我立刻帶了米去到那裡。
女主人從我手裡把米接過去，
分為二份，然後走了出去。
這時，我看到了她的孩子們
個個面黃肌瘦。
等她回來時，我問她上哪裡去了。
她簡單地回答我：
「他們也在挨餓。」
「他們」指的是隔壁的家庭，
她知道他們也在挨餓。
我並不驚訝於她送米給鄰居，
令我訝異的是，
她對鄰居的處境感同身受※。

※這位婦女的家庭信奉印度教，而鄰居家則信奉伊斯蘭教。

看著那母親懷著愛心去分享，

看著她洋溢著快樂的臉龐，

實在是一件美麗的事。

我沒有勇氣去問她，

他們有多久沒吃飯了，

我可以肯定有好幾天了。

可是她知道──

即使在困苦和悲哀中、

在飢腸轆轆中，

她知道隔壁的鄰居也在挨餓。

我們是否知道我們的鄰居需要愛？

我們是否知道我們的鄰居需要照顧？

從這個家庭的例子，

我們可以看到，

天主絕不會忘記我們，

並且你我總是有些事可做。

喜樂是祈禱，
喜樂是力量，
喜樂是愛。
天主喜歡爽快捐獻的人。
我們向天主和他人
表達謝意的最佳方法就是——
喜悅地接受每件事。

我們在送別人禮物時，
會把多少愛包裝進去呢？
那就是為什麼有的人
沒有能力去給予和接受愛，
即使他們非常富有，
他們仍舊是
貧窮中的最貧窮者。

無論何時你感到一事無成，
不要害怕。
天主是一位慈愛的父親，
祂的仁慈遠遠超乎我們的想像。
修女們的工作
需要你們的代禱；
窮人們也需要你們的幫助、了解和愛。
無論我們身處何方，
我們總有很多東西
可以給予、分享和貢獻。

聖德不是少數幾個寵兒
專有的奢侈品。
天主邀請所有的人成聖。
我認為只有聖德
能協助我們戰勝邪惡，
以及克服別人和我們自己
生活裡的痛苦與不幸。
因為我們都受過苦，
如果我們善加利用，
痛苦就變成天主給的禮物了。
十字架一定會在那裡，
就讓我們為此感謝天主吧！

十月十日

我們不是渠道，而是工具。

渠道本身什麼也沒有，

渠道只能夠讓水從它中間流過。

在我們的行動中，

我們是天主手裡的工具，

祂可以拿來優美地創作。

致醫生們：

　你們度的是一種聖化的生活，

　你們接觸病人，治療病人，

　耶穌說：

　「你們是為我做。」

　你們的心要充滿愛，

　因為病人、孤獨的人、殘障的人

　都抱著希望來找你們，

　那就是為什麼

　他們必能從你們那裡得到

　溫柔的愛和憐憫。

有人問我：
「妳卸任不作總會長後，
　妳會從事什麼工作？」
我回答說：
「我是打掃廁所和清理水溝的
　一流清潔工。」
我們做什麼並不重要，
重要的是我們在工作中投入多少愛。
如果我屬於基督，
此刻祂要我去掃廁所、
去照顧痲瘋病人
或是會見美國總統，
對我來說都一樣。
因為我成為天主要我成為的，
我做了天主要我做的。
我完全屬於祂。

彌撒是支持我的靈魂食糧，

少了彌撒，

我將無法過一天，甚至一小時。

在彌撒中，

耶穌藉餅酒呈現祂自己；

在貧民窟裡，

我們在殘缺的軀體和

被遺棄的兒童中見到祂。

我發現，
當我想到每一位受苦受難的
兄弟姊妹時，
我的工作就頓覺輕鬆，
我的笑容就更顯真誠。
耶穌需要你在生命的油燈裡
不斷注入愛和犧牲的燈油。
你真實地重現基督的苦難。
你在渾身瘀青、割裂、
全身是痛楚和傷口的情況下
接受耶穌，
一如祂走進你的生命中。

昨天已經過去，
明天尚未來到，
我們只有今天。
如果我們幫助我們的孩子成為
他們今天應該成為的樣子，
他們在日後就會有足夠的勇氣
以更大的愛去面對生活。

十月十六日

靜默是我們與天主和他人
共融的基礎。
在靜默中，
我們被天主的能量所充滿，
使我們能喜樂地去做任何事情。
我們在靜默祈禱中得到越多，
便越能在實際生活中付出。

寧可因好意而犯錯，
也不要以刻薄創造奇蹟。
作個仁慈的人，
以及保持均衡自制
是非常重要的。
如果我們要生活在
平安和諧中，
我們就必須注意自己的口舌。
我們在為窮人服務時，
尤其要小心說話。

十月十八日

天主是謙卑的這一事實，
非常觸動我。
祂擁有著完全的天主性，
卻取了僕人的形體。
甚至直到今天，
天主仍彰顯祂的謙卑，
選用我們這些軟弱、不完美的人
作祂的工具。
祂屈尊就卑，透過我們工作，
因此我們心裡要喜樂，
那與謙卑並不相抵觸。

致醫生們：

如果你們不愛自己的家人，

就無法愛病人和受苦的人，

那就是為什麼

你們不但要試著去愛，

而且必須去愛。

那就是為什麼

你們在給病人觸診和聽診前

要先祈禱，

因為你們要具備一顆純潔的心

去愛病人；

你們需要以純潔的雙手去觸摸病人。

我為你們祈禱，

願你們

藉著治病救人的雙手和愛心，

能在成聖的道路上前進。

讓我們向我們的上主保證，

你們能在醫療工作中成聖。

致扶輪社、獅子會

和哥倫布騎士會的會員們：

　　你們個個是有影響力的人，

　　你們有錢、有勢，

　　你們要善加利用財勢

　　造福社會，

　　尤其要幫助窮人。

我發現最嚴重的貧窮
是我們害怕家裡要
多餵一個孩子，
多教養一個孩子，
於是就讓一個孩子死去。
害怕家裡要多餵養一個老人，
我們就把年邁的父母逐出家門。
我們總有一天要面見耶穌導師，
那時我們將如何向祂交帳
有關小孩子、
有關年邁父母的事呢？
他們都是天主的受造物，
他們都是祂的兒女。

青年們，
敞開你的心扉，
接受天主的愛吧！
其他的一切，祂自會加給你，
這是一件非常美麗的事。
祂用柔情愛著你。
祂所給你的是要用於分享，
而不是去把持不放。
你擁有的越少，
能付出的就越多；
你擁有的越多，
能付出的就越少。
所以我們祈禱的時候要懇求，
求有勇氣去給予，
給到心痛為止。

有些年輕人說：

「我不是德蕾莎修女，

　我絕對做不到。」

我會對他們說，

「你們需要一顆純潔的心，

　藉著祈禱，你們就能得到。

　那是大愛的開始。

　有了一顆純潔的心，

　你們就能在窮人身上看到耶穌，

　就能做基督要你們做的

　每一件事，

　給飢腸轆轆的人吃的，

　給赤身露體的人穿的，

　給無家可歸的人住的。

　因為這全是出於愛心。」

今天的年輕人不願意聽一堆話，

他們要的是眼見為實，

他們要見到付諸行動的愛，

以及信仰的行為。

一個人要先自我認識，
才能完全信賴天主。
因此你要轉向耶穌，
求祂在你軟弱的時候扶持你。
但如果你認為自己很強壯，
你就不會覺得需要上主。
你要盡力克制自我意志。
不要凡事只為自己而做；
要顧及到包括你在內的整體利益。
然後你就能領受到
天主的恩寵了。

當我選擇惡，

我就犯了罪。

我的自由意志作了怪。

當我為達成自己的目的

而不惜一切代價時，

我故意地選擇了罪。

舉例來說：

　我很想撒謊，

　然後我說了謊。

　就此我在自己與天主之間

　築起了一道障礙，

　撒謊勝利了，

　我喜好撒謊勝過愛天主。

為了愛與被愛，
我們必須認識我們的兄弟姊妹，
因為認識引領人去愛，
愛的具體行動就是服務。
我們的工作只是表達
我們對天主的愛。

我們今天在座的每一位

之所以能在這裡，

是因為天主愛了我們，

祂造了我們，

我們的父母

賦予我們生命，

接納並悉心呵護我們。

生命是天主給的最美麗的禮物。

正因為如此，

看到世界各地由於戰亂、

暴力和墮胎而造成

無辜的生命慘遭踐踏，

那實在叫人痛心疾首。

我們從加爾各答街頭拾回來
一個年輕人。
他受過高等教育，
擁有好幾個學位。
不幸的是，他落入壞人的手中，
連護照也被偷了。
過了幾天，我問他，
為什麼要離家出走。
他說他的父親不要他，
「從小他就沒有正眼看過我。
　他妒忌我，
　所以我就離開了家。」
經過很長一段時間的祈禱，
修女們幫助他返家
並寬恕他的父親，
兩人從此和好了。
這是一個極度貧窮的例子。

讓我來告訴你：

　如果你覺得自己的罪孽深重，

　不要怕！

　天主是慈愛的父親；

　祂的慈悲遠遠超出

　我們想像所及。

謙卑是美德之冠；
謙卑是純淨、仁愛和服從。
在謙卑中，
我們的愛成為
真實的、專注的、熱烈的。
如果你很謙卑，
那麼無論是誇讚還是羞辱，
沒有任何事能夠擊垮你，
因為你清楚自己是誰。
如果你遭受責備，
你也不會喪失勇氣；
如果有人稱你為聖人，
你也不會沾沾自喜。

十一月

我們在天主內生活、行動和存在。
天主給了所有的生物
生命、力量和存在權。
如果沒有祂的親臨維持，
所有的事物都不復存在，
跌入空無的狀態裡。
請你細想，你是在天主內，
四周都被天主圍繞、包圍著，
在天主內暢游。

我們修會在委內瑞拉

剛展開服務工作時，

幾位年輕修女既緊張又害怕，

她們問我：

「我們剛剛到這裡，

　既不懂語言，又不懂習俗，

　我們該怎麼辦呢？」

我對她們說：

「孩子們，不要怕。

　妳們說的

　是人人都聽得懂的語言，

　那就是仁愛的語言。」

她們又問：

「那妳攜帶什麼？」

我回答說：

「我們的心和我們的手。」

愛會因自私的動機而被濫用。
我愛你，
但同時我要盡我所能地
從你的身上拿取東西，
甚至包括我不應該拿的東西。
這麼一來，
不再有真愛可言了。

耶穌說過，

在祂天父的眼中，

我們比天空的鳥、地上的花

重要得多。

如果天主連這些生物

都照顧得很好，

更何況在我們內有祂的生命，

祂會更加看顧我們。

祂不會欺騙我們，

因為生命是天主給人類最大的禮物；

連未出生的胎兒也是

照祂的肖像造的。

那胎兒屬於祂；

我們沒有權利扼殺那小生命。

因著墮胎，
那母親殺害了自己的親骨肉，
為的是「解決」她的問題。
也因著墮胎，那父親被告知，
他不需要為他帶入這世界的
孩子承擔任何責任。
那個父親很可能會繼續使其他婦女
陷入同樣的困境。
因此墮胎導致更多的墮胎。
任何贊成墮胎的國家
不是在教導人民去愛，
而是在唆使他們使用暴力
去達成他們個人的目的。
這就是為什麼墮胎是
愛與和平最大的摧毀者。

十一月五日

我們該怎麼去愛呢？
不必專挑大事情，
而是心懷大愛做小事。
我們每個人都擁有無盡的愛，
我們要無畏地展示我們的愛。

身為現代青年，
你們有的在讀書、
有的在工作，
還有的在為將來作準備。
你們要有堅定的信念
以及對基督溫柔的愛，
只有偕同祂、藉著祂，
你們才能成就大事。
這一切需要祈禱才能達成，
祈禱的果實是信德的深化，
信德的果實是愛德，
愛德的果實是服務。

在我們內的耶穌

絕不會欺騙我們，

因此我們能無所畏懼地穿越

最令人膽戰心驚的區域。

在我們內的耶穌是

我們的摯愛、

我們的力量、

我們的喜樂、

我們的憐憫。

有一次在貝魯特，

當我打算越過戰線，

去接一些孩子時，

有人提醒我，

我可能會在交戰地帶被子彈掃射。

我堅持說：

「不會！

　　明天就會休戰，

　　他們會停止戰火。」

修女們一起為隔天的

停火和休戰祈禱，

結果正如我預期的發生了。

我們找到了需要被照顧的

孤兒和殘障兒童，

把他們平安地帶回了收容所。

讓我們特別為普世人類
都能成為兄弟姊妹祈禱，
並且了解到這祈禱的內涵。
我們可以各自思索這段禱文，
用它來省察我們的良心。
不過在我們把這段禱文
傳給別人之前，
我們要先把它生活出來：

　　請將我從死亡領入生命，

　　從虛妄帶入真理；

　　將我從失望帶向希望，

　　從懼怕帶到信賴；

　　將我從仇恨帶往愛，

　　從戰爭帶入和平；

　　讓和平充滿

　　我們的內心、

　　我們的世界、

　　我們的宇宙。

不論任何種族或宗教背景，
我們的目的是
把天主以及祂的愛
帶給貧窮中最貧窮的人。
我們辨別施捨的準則
是在於需要程度而不是信仰。
我們在工作中
為天主愛的臨在作見證，
如果一個天主教徒、基督教徒、
佛教徒或是不可知論者，
因此成為更好的人，
我們就滿足了。
在天主的愛裡成長，
他們會更接近祂，
也會在祂的至善中找到祂。

致我的同工們：

　　我希望你們能更專注

　　在你們負責的區域裡，

　　全心地為窮人提供免費服務。

　　你們每一位都要盡力去找到

　　那些孤獨的、遭遺棄的以及殘障的人。

　　可能只是一個微笑、一次上門探望、

　　為某人點一根香煙、讀一份報紙。

　　統統是小事，是的，非常小的事。

　　可是那就是你把對天主的愛

　　付諸行動。

　　這種精神必須從你的內心

　　散發到你的家庭、你的鄰里、

　　你居住的城鎮、你的國家，

　　乃至全世界。

愛的使命源自與天主的共融，
因著這樣的結合，
愛家人、愛鄰人、愛窮人，
也就變得自然而然了。

巴西有位身居高位的先生寫信給我，
敘述自己曾一度對天主、對人
完全喪失了信心，
他放棄一切，只想尋短。
那天他經過一家商店，
他的眼睛一下子
被電視畫面吸引住了──
那是卡俐閣的垂死者之家，
修女們正在照料病人
及那些瀕死的人。
他在信上說，
看到那幕場景使他不由得
在距離第一次不知多少年後，
再次跪下來祈禱。
現在他對天主、對人恢復了信心，
因為他看到天主仍愛著世界，
他是在電視上看到的。
我的電視則是聖體龕。

致我的修女們：

我們的孩子

也許只是貧民窟的孩子，

但正因為如此，我們不能隨便胡來。

每位修女都必須設法

吸引並留住這些孩子。

別以為自己知道的比他們多，

就不需要準備了。

他們必須得到最好的，

他們的利益在妳心中應居首位。

不要用死水般的陳舊模式，

而要不斷地改進，

並且掌握有效的傳授途徑。

切莫把準備工作視為

一樁微不足道的小事。

我們應關心孩子們的幸福，

同時要讓他們學會最必要的事。

祈禱要真誠。

你知道如何祈禱嗎？

你每天祈禱嗎？

你喜歡祈禱嗎？

當我們與天主面對面時，

我們將不得不由衷地

體認到自己的虛無。

只有當我們意識到

自己的無能和空虛時，

天主才能夠以祂自己充滿我們。

而當我們充滿天主時，

我們就能做好我們的工作。

在卡俐閣的垂死者之家裡，
沒有任何一個人死於憂鬱、
失望、被嫌棄、飢餓或是沒人愛。
那就是為什麼我認為
這是加爾各答市的寶庫。
只要是他們想要的，
不管他們是印度教徒、穆斯林、
佛教徒，還是天主教徒、基督教徒
或是任何其他宗教派別，
我們統統盡量予以滿足。
有的人要求死後由他們自己的
宗教團體來處理遺體，
依他們的宗教儀式火化或土葬。
有的人要恆河的水，
有的人要聖水，
還有的人要句格言或一段祈禱。
有的人只要一顆蘋果或
一粒石榴或一根香煙。
另有些人希望有人坐在他們身邊。

當你相信時，

你就會去愛；

當你去愛時，

你就會奮不顧身地去服務。

天主給了我們一個榜樣：

祂白白賜予我們一切；

我們也該獻出我們所有，

獻出我們自己。

我們的工作裡不該有驕傲或是虛榮。

不論我們給人們什麼，

我們要確信是我們該給的。

我感到過忿怒或挫折嗎？
當我看到浪費的現象，
明明是有用的東西，
明明可以救人不會餓死的東西，
卻被糟蹋浪費掉，
我只在那種情況下生氣。
至於挫折感？
沒有，從來沒有過。

其實國與國之間
沒有什麼實質上的區別，
因為你在哪裡都會遇到人。
他們也許長得不一樣，
穿著不同，
也許他們的教育程度
或者地位不一樣；
但他們卻都是一樣的。
他們都是需要被愛的人，
他們都渴望愛。

信仰是天主的恩賜。
沒有信仰，
也就沒有生命。
我們的工作要有成效、要美好，
必須建基在信仰上。
愛與信仰相輔相成，
缺一不可。

有人質問我，

為什麼光把魚遞給窮人吃，

使他們貧窮依舊；

還不如遞給窮人釣魚竿，

好使他們自食其力。

於是我告訴他們：

「我們拾回去的窮人

　體弱到連站的力氣都沒有，

　我們當然要先給他們魚吃，

　等到他們有力氣站，

　我會將他們送到你那邊，

　你就可以給他們釣魚竿了。

　那是你的工作。

　讓我今天做好我的工作。」

如果在我們家庭生活裡
有很多困難，
如果在我們家庭生活裡
有很多鬥爭，
那是因為家庭生活
已經支離破碎了，
而且是我們親手造成的。
這是由內部而來的破壞。
如果破壞來自外在，
我們很容易將它趕走，
但是內在的就非常難了。
這就是為什麼我認為
我們需要祈禱。

我們要少說話，
證道的地點不一定是
見面的地點。
那你該怎麼做呢？
拿起掃把去清理人家的房子。
那無聲的行動說明了一切。
我們全是祂的工具，
我們做好我們的一小部分，
然後走開。

十一月廿四日

不論你是印度教徒、
穆斯林或是基督徒，
你如何度你的生活，
證明你完全屬於祂？
我們絕不用譴責、判斷
或是流言蜚語去傷害他人。
我們不知道
天主用什麼方法向那靈魂顯示自己，
或天主如何吸引那靈魂；
因此，我們是誰，膽敢譴責別人？

對窮人的關愛，
就像燃燒的火焰；
柴越乾，火燒得越旺。
你在服務窮人時
不光要用手，
更要投入你的心。
愛德要有成果，
必須有所犧牲。

我在墨爾本探訪了一位老人，
似乎沒有人知道他的存在。
他的房間髒亂無比。
我要幫他清理，
但他不停地說：「不要緊，我沒事。」
我不發一語，
最後他終於讓步接受了。
他的房間裡有一盞美麗的檯燈，
上頭積滿了陳年灰塵。
我問他為什麼從來不開那盞燈？
他說：「給誰看呀？沒有人來我這裡。」
我脫口而出：
「如果一位修女來看望你，
　你會不會為她開燈？」
他答說：
「會，如果我聽到有人來，
　我就會開燈。」
幾天後他捎話給我：
「請告訴我的朋友，
　她在我生命裡點亮的那盞燈
　仍在燃燒。」
瞧！一個小小的行動產生什麼作用？

最親愛的主，

請讓我今天和每一天，

在看護祢的病人身上看到祢，

因而服侍祢。

雖然祢把自己喬裝成

易怒的、嚴厲的

或是不講理的人，

願我仍能認出祢，並且說：

「耶穌，我的病人，

　服侍祢是何等的甘飴。」

我在貝魯特時，

有一家醫院剛剛被炸，

我們在那裡找到了五十五個

有嚴重殘疾的孩子。

我說我會收留他們。

雖然我們什麼都沒有，

連照顧他們所必需的全沒有，

但我們仍把他們帶回到會院。

好些個當地的兒童和青年，

不管是穆斯林、基督徒

還是德魯士族都來幫我們，

年齡最小的紛紛回家去，

拿出自己的衣服給那些孩子們。

有幾個在嚼口香糖的兒童，

一時愛心大發，

不假思索地挖出自己在嚼的口香糖，

塞進了那些殘疾小孩的口中。

要是有人想要幫助我，
讓他們從家裡做起。
你的家門口、你工作的地方、
你的辦公室、你的工廠，
都需要你的幫助。
有一次我與一位大公司的老闆
參觀了他在孟買的工廠。
他在擁有三千員工的廠房裡
推動了一項善舉：
所有的人都送一點吃的東西
給我們在孟買的「希望之家」。
我去向他們致謝時，
驚訝地發現，
那裡很多員工都有殘疾。
令我更驚訝不已的是，
那位老闆幾乎知道每一位工人的名字，
當我們走過廠房時，
他跟每個碰到的人打招呼或說句話。
真愛使我們對人關懷體貼。
永遠不要忙到顧不及他人。

我們要祈求和平、
愛與喜樂。
我們要記得耶穌帶來的福音：
「我把平安留給你們，
　我將我的平安賜給你們。」
祂所賜給我們的，
不是僅僅停留在互不侵犯的
世界和平。
祂給的是心靈的平安，
那種由愛而生，
為他人謀福利的平安。

我們不需要
靠槍炮帶來的和平，
我們需要的是愛和憐憫。
讓我們來傳播天主的和平，
點亮祂的明燈，
熄滅世上所有人心中的
各種仇恨和權力的慾望。

人們往往為了私慾，
和為自己打如意算盤，
而失去了信心。
真正的信心要我們付出愛心。
有了信心，
我們才能付出愛；
有了愛心，
我們才能滿全信心。
信心與愛心可謂相得益彰。

若是你感到灰心，

那是驕傲的信號，

因為這顯示了你只信靠自己的能力。

你的自以為是、

你的自私自利、

你的自恃高傲，

統統會阻礙天主來住在你心中，

因為連天主也無法填充

已經塞滿的心。

這道理就是那麼簡單。

我們需要去尋找天主，
但不可能在嘈雜
和忙亂中找到天主。
天主是靜默的朋友。
我們靜默祈禱越多，
就越能在實際生活中付出。
從我們自己口中說出來的，
不是什麼重要的事；
而是天主對我們說的，
以及祂藉著我們說出來的，
才至為重要。

前些日子，

有兩位年輕人來到我們會院，

給了我一大筆救濟窮人的錢。

我問他們：

「你們哪來這麼多錢？」

他們說：

「我們在兩天前結了婚，

　婚前我們就決定

　不買婚紗、不辦喜宴，

　把省下的錢給妳救濟窮人。」

我又問：「你們為什麼要這樣做呢？」

他們答說：

「我們非常相愛，

　所以我們在步入共同生活的開始，

　願意做一點小小犧牲，

　與妳們服務的窮人們

　一起分享愛的喜樂。」

這種愛是聖潔的愛，

我們越在這種愛中成長，

我們就越接近天主。

也許在我們自己的家庭裡，
我們有家人感到孤寂、
感到病痛、感到焦慮。
那時我們在哪裡？
我們先要認出家裡的窮人。
我們將年老的父母送進了養老院，
然後再也不去探望他們；
甚至於家人彼此之間
難得有時間歡笑、
難得有時間相聚。
愛始於家庭，
但願我們把自己的家庭
建設成愛的聖殿。

我們有幾種方法來練習謙卑：

　　盡量少談自己，

　　管好自己的事，

　　不要去介入別人的事，

　　不要太好奇。

　　愉快地接受相左的意見

　　以及善意的糾正，

　　不要在意別人的錯誤。

　　承受侮辱和惡意中傷，

　　接受他人的蔑視、遺忘

　　以及厭惡。

　　就算別人無故挑釁，

　　仍保持和善與風度。

　　絕不要擺架子故作顯貴。

　　總是挑最棘手的工作。

今天，比以往更需要祈禱，
為了得到光照來了解
天主的旨意……
為了懷著愛接受
天主的旨意……
為了找到方法去實現
天主的旨意……

十二月九日

有些人來加爾各答看我們，

臨行前，他們央求我告訴他們，

怎樣可以活得更好。

我就對他們說：

「你們要彼此微笑；

　對你的太太微笑、

　對妳的先生微笑、

　對你們的孩子微笑、

　對每個人微笑──

　雖然這不算什麼，但會幫助你們

　在更大的互愛中成長。」

他們中有一個問我：

「妳結婚了嗎？」

我說：

「是的，而且我的配偶耶穌要求非常高，

　我有時感到自己難以向祂微笑。

　這是事實。

　不過當耶穌提出要求的時候，

　我們仍能愉快地施愛予人，

　那就是胸懷仁愛的具體表現。」

我需要祈禱嗎？

我想不想祈禱呢？

請記得，不論你在哪裡，

德蕾莎修女的祈禱、愛和祝福

將永遠伴隨著你。

天主降福你。

如果你的家人患病
或是感到孤單，
請不要走開。
也許你只是握他的手，
也許你只是給個微笑，
這是最了不起的事、
最美麗的工作。

我們每天收留的窮人是那些
社會所遺棄和排斥的人。
人們認為那些窮人不值得
像對待你我一樣去對待他們。
我們試圖恢復他們的尊嚴。
有一天，一個十五、六歲的
男孩哭著跑來，
求我給他一點肥皂。
我曉得他的家庭以前很富裕，
後來家道中落了。
他對我說：
「我的姊姊天天
　被她就讀的高中送回家，
　因為家裡沒有肥皂洗她的紗麗。
　請給我一點肥皂吧！
　這樣她可以洗乾淨紗麗，
　回學校上課，完成學業。」
在這裡我們見到這家人因窮困
而必須蒙受的羞辱。

無論我們幫助什麼樣的孩子，
無論我們陪伴誰或餵誰吃藥，
我們都要面帶微笑。
如果僅僅照料他們，
那我們就大錯特錯了；
我們必須投入我們的整顆心。

我們的座右銘是：

「上主，使我成為祢和平的工具。」

重要的是，

我們做的是祂的工作，

我們絕不據為己有而糟蹋了它。

從人的角度來說，

我們的修女既年輕又沒有經驗，

卻從事著令人無法置信的工作，

事實上，我們只是天主的工具。

我們的職責是讓耶穌用我們。

是祂藉著我們、在我們內、

偕同我們一起工作。

我確不確信天主愛我、
我也愛祂？
這信心就好似陽光
使生命朝氣蓬勃，
使聖德的蓓蕾盛開。
這信心是
建築聖德的基石。

十二月十六日

一位印度教的婦女嫁給了
信奉祆教的丈夫，
她前來要我祝福他們那
三歲大還不會講話的兒子。
我問那母親：
「妳有什麼依戀不捨的東西嗎？」
她回答說：
「有，我嚼檳榔已經
　　到了無法自拔的地步。」
我說：
「戒了它！
　　為了祈求妳兒子能開口講話，
　　把那當作犧牲，獻給天主。」
她照我的話做了，
三個月後她兒子開始說話，
並且漸漸變得正常了。

在小事上就要忠信，
那是我們力量所在。
我們也許無法給出什麼，
但我們永遠能給人喜樂，
那是從愛主的心裡
迸發出來的。

我從未料想到我們的工作
會發展得如此之快和廣。
我從沒懷疑過這工作會持久，
但我不知道會成為這等規模。
我沒有絲毫疑慮，
因為我確信
天主祝福的事物一定會興盛。
看，我們中沒有人有經驗，
沒有人有世俗所追逐的東西，
而我們在全世界
卻有那麼多修女在服務，
這真是奇蹟！
天主在用我們；
只要我們懷有這種信念，
我們就不用擔心。
我們的工作一定會成功。

聖經這樣說：

「若有人說自己有信德，卻沒有行為，

有什麼益處？

難道這信德能救他嗎？

假設有弟兄或姊妹赤身露體，

且缺少日用糧，

即使你們中有人給他們說：

『你們平安去吧！

穿得暖暖的，吃得飽飽的！』

卻不給他們身體所必需的，

有什麼益處呢？

信德也是這樣：

若沒有行為，

自身便是死的。」（雅二14-17）

我並不知道天主在做什麼，
只有祂自己知道。
我們雖然無法知道，
但有一點我很確定──
祂不會犯任何錯誤。

天主賜給我們修會很多聖召。

我們有許許多多年輕女孩

為基督拋棄了一切，

願意服務貧窮中最貧窮的人，

度聖潔的生活。

這是天主賜給整個世界

極美的禮物，

藉著我們的工作，

富人與窮人們開始彼此認識、

彼此相愛、彼此分享生活的喜樂；

而後他們就會將愛──

他們所體會到的愛，

注入到行動中。

我們的聖召是歸屬耶穌

而不是服務窮人；

服務窮人只是

我們愛天主的具體行動。

你們的聖召在於建立家庭，

彼此相愛，

你們的服務則是

你們愛天主的具體表現。

窮苦人很了不起，

能教導我們很多美好的事情。

有一天，一位窮人跑來謝我們，

他說：

「妳們這些修女

　真的活出了貞潔這兩個字，

　妳們是教我們計畫生育的

　最佳人選，

　因為自我節制

　完全是出自對彼此的愛。」

十二月廿四日

在聖誕節時，

我們看到的耶穌是個小嬰兒，

既無助又窮困。

祂是來愛與被愛的。

我們如何在今日的世界愛耶穌呢？

我們要藉著愛丈夫、愛妻子、

愛孩子、愛兄弟姊妹、

愛父母、愛鄰居、愛窮人

而去愛耶穌。

讓我們聚集在伯利恆

那簡陋的馬槽前，

立下堅定的決心：

    我們會在我們每天所遇到的

    每一個人身上去愛耶穌。

有一年，一家國際航空公司
提早送給我們在加爾各答收留的
孩子們一份聖誕禮物：
免費坐一個小時飛機！
真希望你們能夠想像
那一百五十個孩子
欣喜若狂的樣子，
他們穿戴著特別贈送給他們的
配套襯衫和帽子，
看起來是那麼的整潔。
我們這些有殘障、營養不良和
被遺棄的孩子們
幸運地得到了這機會，
多棒啊！
不然的話，他們這輩子絕對
無法經驗到飛行的喜樂。

十二月廿六日

我要再說一遍：
我們所服務的瘋瘋病人、酒鬼
以及遭社會唾棄的流浪漢，
是一群出色的人。
他們許多人的品格很了不起。
我們要將我們
在服務中所累積起來的經驗，
傳達給那些
不曾有過這種美妙經驗的人。

在一個井然有序、
凡事奠基於和睦友愛的家庭裡，
最重要的準則是：
　孩子們表現出對父母的
　絕對信賴與服從。
耶穌在納匝肋
如此奉行了三十年，
因為聖經上沒有別的記載，
只說了祂「屬他們管轄」，
表示祂做了父母吩咐祂做的。

我們今天比以往更要
祈求光照，好能明白天主的旨意；
祈求愛，好能接受天主的旨意；
祈求方法，好能承行天主的旨意。

在我們修會慶祝創會銀慶時，

加爾各答的人們都在為我們祈禱，

並與我們一起祈禱。

我們在十八處不同的場所，

與印度教、耆那教、錫克教、

佛教、祆教、猶太教、

聖公會、基督教等教徒們一起祈禱。

我們也注重實際的奉獻。

我們邀請這些商家老闆和

社會顯要去探訪窮人們，

與他們接觸、對話、結交朋友、

了解他們的境遇；

然後親手為他們服務。

眼看這些身穿華衣的上流人物

前來為他們服務，

窮人們都萬分驚訝，同時也非常感動。

這樣的實例產生深遠的影響。

讓我們棄絕死亡與悲哀，
把和平與喜樂帶入這世界。
為了達成這一目標，
我們必須求天主賜予和平的禮物，
並且學會彼此接納，
因為我們全是兄弟姊妹、
是天主的兒女。
我們知道，
家庭是孩子們學習
愛和祈禱的最佳場所，
他們在家裡耳濡目染
父母親的愛和祈禱。
當一個家庭堅定合一時，
孩子們就能從父母的愛中
認出天主特殊的愛，
他們長大之後，
便能把自己的國家建設為
一個相親相愛、充滿祈禱的地方。

國家圖書館出版品預行編目資料

愛的喜樂：德蕾莎修女嘉言集／德蕾莎修女
(Mother Teresa)著；丁穎達譯. -- 再版 --
臺北市：上智文化, 2010. 07
面；　公分.
譯自：The joy in loving : a guide to daily
living with Mother Teresa
ISBN 978-986-7873-85-9(平裝)
1. 德蕾莎（Teresa, Mother, 1910-1997）2. 基督徒
3. 靈修 4. 愛
244.93　　　　　　　　　　　　　99011065

靈修 F0030

書　　　名／愛的喜樂：德蕾莎修女嘉言集
作　　　者／德蕾莎修女
譯　　　者／丁穎達
編　　　輯／Jaya Chaliha & Edward Le Joly

准　印　者／洪山川總主教
發　行　者／鄧秀霞
出　　　版／財團法人聖保祿孝女會附設上智文化事業
　　　　　　100台北市忠孝西路一段21號
　　　　　　電話：(02) 2901-7342　傳真：(02) 2902-7212
　　　　　　讀者服務e-mail：wisdompress@pauline.org.tw

服　務　處／聖保祿孝女會
　　　　　　242台北縣新莊市三泰路66號
台 北 書 局／郵撥：上智文化事業　19399740
　　　　　　100台北市忠孝西路一段21號
　　　　　　電話：(02) 2371-0447　傳真：(02) 2371-7863
　　　　　　訂購服務e-mail：stpaul@pauline.org.tw
台 中 書 局／郵撥：財團法人聖保祿孝女會　21999096
　　　　　　400台中市光復路136號
　　　　　　電話／傳真：(04) 2220-4729
高 雄 書 局／郵撥：高雄聖保祿文物中心　42006873
　　　　　　802高雄市五福三路149-1號
　　　　　　電話／傳真：(07) 261-2860
香 港 書 局／聖保祿書局　e-mail：stpaulhk@netvigator.com
　　　　　　電話：(852) 9127-9624　傳真：(852) 2601-6910
澳 門 書 局／澳門聖保祿書局　e-mail：Paulinas@macau.ctm.net
　　　　　　澳門主教巷11號　電話：(853) 2832-3957

印　　　刷／世樺國際股份有限公司　電話：(02) 2246-9928
　　　　　　235台北縣中和市中山路二段327巷11弄9號3樓

基　督　教／華宜出版有限公司
總　經　銷　235台北縣中和市連城路236號3樓
　　　　　　電話：(02) 8228-1318　傳真：(02) 2221-9445

總　經　銷／貿騰發賣股份有限公司
　　　　　　235台北縣中和市中正路880號14樓
　　　　　　電話：(02) 8227-5988　傳真：(02) 8227-5989

2010年7月再版初刷
定價／380 元
版權所有‧翻印必究